SRI KALPASUTRA

SRI KALPASUTRA

SVAMIN
BHADRABAHU

GYAN

Published by

Gyan Publishing House
5, Ansari Road
Daryaganj, New Delhi-110002
Phone: 011-47034999, 9811692060
E-mail: books@gyanbooks.com

Distribution Network
gyanbooks.com
India, USA, Canada, UK, Australia, France

ISBN: 978-93-7493-434-0 (PB)

First Published 1933

2nd Impression 2026

Printed at: Gyan Press, Delhi.

SRI KALPASUTRA
SVAMIN, BHADRABAHU

Sheth Devchand Lālbhāi Jain Pustakoddhār Fund Series. No. 82

ŚRĪ KALPASŪTRA

BY

ŚRĪMAD BHADRABĀHU SVĀMIN

WITH TWO VERSIONS OF

ŚRĪ KĀLIKĀCHĀRYA-KATHĀ

AND

Coloured Illustrations.

श्रेष्ठी देवचन्द लालभाई जहेरी.

जन्मतिथि-	निर्याणम्-
स १९०९ वैक्रमाब्दे कार्तिकशुक्लैकादश्यां	स १९६२ वैक्रमाब्दे पौषकृष्णतृतीयायाम्
(देवदीपावली सोमवासरे)	(मकरसङ्क्रान्तमंदवासरे)
सूर्यपूरे.	मुम्बय्याम्.

The Late Sheth Devchand Lalbhai Javeri.

Born 22nd Nov 1852 A D Surat — Died 13th January 1906 A D Bombay.

शेठ घेलाभाई लालभाई जव्हेरी केशर गरास फंडना प्राणदाता,

स्व. शेठ घेलाभाई लालभाई जव्हेरी.

निर्याणम् वि स १९५१ सुरत

The Late Sheth Ghelabhai Lalbhai Javeri.

Died 1951 Vikram year in Surat

शेठ नगीनभाई घेलाभाई जैन हाईस्कूल सुरतना प्राणदाता,

स्व. शेठ नगीनभाई घेलाभाई जहेरी.

जन्मतिथि-	स्वर्गवास-
सं १९३२ चैत्र वद ५ गुरु.	स १९७८ कारतक वद ५ रवि
ता १३ एप्रिल १८७६	ता २० नवं १९२१
सुरत	मुंबई

The Late Sheth Naginbhai Ghelabhai Javeri.

Born 13th April 1876 A. D., Surat. Died 20th Nov 1921 A. D., Bombay

शेठ देवचन्द लालभाई जैन पुस्तकोद्धार संस्थाना संस्थापक,

स्व. भाई गुलाबचन्द देवचन्द जहेरी.

जन्मतिथि-	स्वर्गवास-
स १९४५ भादरवा शुद १४	स. १९८३ फागण शुद ५
ता ७ सप्टेंबर १८८९.	ता ८ मार्च १९२७.
सुरत.	मुंबई.

The Late Gulabchand Devchand Javeri.

Born 7th Sept 1889 A D, Surat. Died 8th March 1927 A D, Bombay.

Sheth Devchand Lalbhai Jain Pustakoddhar Fund Series. No. 18.

PREFACE TO THE FIRST EDITION.

This is the 18th Vol. of our series and comprises two books, one Kalpasūtra, and the other Yugapradhāna Kālikāchārya's Kathā.

The subject-matter of this volume was written by Shree Bhadrabāhu Svāmin, sixth in descent from Lord Mahavira, as the eighth chapter of "Shree Dashā-Shruta-Skandha-Sutra". It is generally known as Kalpasutra

This being a well-known work, we do not think it necessary to say much about it, except that it was once customary with the Sādhus or the Jain monks to read it before an assembly of Sādhus only Later on, this custom has been altered in the year 510 Vikrama Era, and it is now read by Sādhus before the laymen also.

There are the following commentaries on this work :—

Name.	Author.	Number of Verses.
Kalpasutra-Subodhikā	Shree Vinayavijaya Mahopādhyāya	6000
Kalpakiranāvali	Dharmasāgara Upādhyāya	4814

शेठ देवचन्द लालभाई जैन पुस्तकोद्धार संस्थाना संस्थापक,

स्व. भाई गुलाबचन्द देवचन्द जहेरी.

जन्मतिथि-	स्वर्गवास-
स. १९४५ भादरवा शुद १४	सं. १९८३ फागण शुद ५
ता. ७ सप्टेंबर १८८९.	ता. ८ मार्च १९२७.
सुरत.	मुंबई.

The Late Gulabchand Devchand Javeri.

Born 7th Sept 1889 A.D., Surat. Died 8th March 1927 A.D., Bombay,

Sheth Devchand Lalbhai Jain Pustakoddhar Fund Series, No. 18.

PREFACE TO THE FIRST EDITION.

This is the 18th Vol. of our series and comprises two books, one Kalpasūtra, and the other Yugapradhāna Kālakāchārya's Kathā.

The subject-matter of this volume was written by Shree Bhadrabahu Svāmin, sixth in descent from Lord Mahavīra, as the eighth chapter of "Shree Dashā-Shruta-Skandha-Sutra". It is generally known as Kalpasutra

This being a well-known work, we do not think it necessary to say much about it, except that it was once customary with the Sādhus or the Jain monks to read it before an assembly of Sādhus only Later on, this custom has been altered in the year 510 Vikrama Era, and it is now read by Sādhus before the laymen also.

There are the following commentaries on this work —

Name.	Author	Number of Verses.
Kalpasutra-Subodhika	Shree Vinayavijaya Mahopādhyāya	6000
Kalpakiranāvali	Dharmasāgara Upādhyāya	4814

Name.	Author.	Number of Verses.
Kalpalatā	Shree Samayasundara Upādhyāya	7700
Kalpamanjari	Shree Ratnasāgara	6000
Kalpadrumakalikā	Shree Luxmivallabha	(4500) 4109
Kalpadīpikā	Shree Jayavijaya	3532
Kalpalaghutikā	(not known)	1000
Kalpāntarvāchya	Shree Kulamandana	2500
"	Shree Somasundara	1800
"	(not known)	1900
"	"	1500
Kalpāntarāshrita Vritti	"	1000
Kalpacharchā	"	(not known)
Pradīpikā	Shree Sanghavijaya	3300
Avachurirupa Vritti	Shree Udayasāgara	2085
Avachurilesha	Shree Mahimeru	700
Avachuri	(not known)	2200
Niryukti	Shree Bhadrabāhu Svāmin	95
Nirukta	Shree Vinayachandra	158

Name.	Author.	Number of Verses.
Tippana	Shree Prithivichandra	640
Sandehavishaushadhi (Vritti)	Shree Jinaprabha Sūri	3041

Out of these we have ere now published Kalpa-Subodhika of Shree Vinayavijaya Mahopādhyāya, as our seventh Volume.

We are thankful to Pannyāsa (now Āchārya) Shree Ānandasāgara Gani (Sūri) for correcting the proof-sheets of this work, and to Pannyāsa (now Āchārya) Shree Siddhivijaya Gani (Sūri), Pannyāsa (now Āchārya) Shree Ānandsāgara Gani (Sūri), Pannyāsa Shree Riddhi Muni, and Shah Maganbhai Dharamchand Javeri, for supplying us with the manuscripts.

325, Javeri Bajar,
BOMBAY,
August, 1914.

NAGINBHAI GHELABHI JAVERI,
for the Trustees of
The Sheth Devachand Lalbhai Jain Pustakoddhar Fund.

नमः श्रीगणधरेन्द्राय.

श्रीकल्पसूत्रस्य प्रथमसंस्करणस्योपोद्घातः ।

समादीयतां सज्जनमनश्चमत्कृतिकारकपवित्रचारित्रैः सुमनोभिः सुमनस्ततिनतचरणसरोजैर्निर्णाशिताशेषसत्त्वसार्थतत्त्वविचार-विलोपकदोषपोषोदयैः षष्ठपट्टपूर्वाचलार्यमभिः श्रुतकेवलिभिः श्रीमद्भिर्भगवद्भिर्भद्रबाहुस्वामिभिः प्रागपि प्रतिपर्युषणं कर्पणीयं कृष्टकषायबीजैरजवंजवीभावविभावनभग्नसंसारवासनैर्मुनिमतल्लिकाभिः कल्पाय मङ्गलाय चोद्धृत्यात्मप्रवादनावासयथार्थनाम्न आत्मप्रवादादैदंयुगीनाल्पमेधआयुर्धारणादिगुणार्थिजनानूनकल्याणकोटिकल्पनालम्भविष्णु कल्पसूत्रणसूत्रधारायमाणं श्रीकल्प-सूत्रं दशाश्रुतस्कन्धलक्षणच्छेदसूत्राष्टमाध्ययनतया न्यासीकृतं, पुत्रमृतिजव्याधिविकार्त्तितशुभसङ्कल्पेन ध्रुवसेननृपेणानन्दपुरे समहं सभासमक्षं वाचयितुमारब्धं, तदनु सङ्घसमक्षमनुसंवत्सरमर्वाक् सांवत्सरिकप्रतिक्रमणात् पञ्चभिरहोभिः कर्पणीयं कर्म्मततिकपग-कल्पनातीतसामर्थ्यम् । तत्र प्रथमं वाच्यं जिनचरिताख्यं द्विशत्या साष्टाविंशया, द्वितीयं स्थविरावलीलक्षणं त्रयस्त्रिंशत आचार्याणां परम्पराप्रविष्टानां सूत्राणामेकषष्ट्या, सामाचारी तु चातुर्मासीकल्पानुशीलनीया निर्ग्रन्थानां निर्ग्रन्थीनां च तृतीयवाच्यत्वेनाभिमता सूत्रचतुःषष्ट्या सूत्रितेति देवगुरुधर्मविषयकशुभभावनाप्रकर्षोत्पादकतद्वर्णनास्वरूपोपलम्भाविगीतपुरुषपरम्परोद्गीतकल्पनातिगमोक्ष-फलसम्पादनक्षमा कल्पपादपोपमानताऽस्य नातिशयोक्तिमङ्गीकरोति । तदेवमवश्यप्रादुर्भावनीयस्यास्य प्रादुर्भावे यद्यपि दृष्टचरा

आहितयत्ना अनेके तथापि प्रतियाचंयमं अनुपुरग्रामं चावश्यकतामाकलय्यास्माभिरप्यत्रायतितमास्मागमश्रवणश्रावणसाहाय्यवितरणजातभक्तिरागप्रबन्धैर्मुद्रापयितुं षोडशशतीयप्राचीनशुद्धतमसावचूरिकसवृत्तिकपुस्तकानुसारेण विशोध्य, केवलं दृढतमपत्रेषु वर्यतममुद्रणास्पदीयश्रेष्ठतमसीसकाक्षरैर्मुद्रितत्वाद् भविष्यत्यादरो महनीयो महाशयानामत्र, इदमेव चात्र निबन्धनं सर्वेषां वाङ्मयानामेकजातीयेष्वेव श्रेष्ठतमेषु पत्रेषु मुद्रणे। वेतनं तु श्रेष्ठिवर्यदेवचन्द्रवितीर्णतदात्मजगुलाबचन्द्रव्यवस्थापिततदङ्गजाविद्युन्मती(बीजकोर)परिबृंहितलक्षद्रम्ममिततद्भाण्डागारीयवृद्धिव्ययादागतव्ययादर्धमेव सर्वेषु मुद्र्यमाणेषु पुस्तकेषु क्रियतेऽत्र, तथाऽस्मिन्नपि स्थापितं तदेवावलम्ब्याणकाष्टकम् । चार्चिकं त्वन्यदस्यावृत्तौ कस्याञ्चिद् मुद्रयिष्यमाणायामाविर्भावयिष्यामः सज्जनाना पुरत इति विरम्यतेऽस्माभिरधुनेत्त इति निवेदयन्ति आनन्दसागराः पत्तने वीरसम्वत् २४४० श्रावणशुक्लचतुर्थ्याम् ॥

ॐ अर्हम् ।

ॐ नमो समणस्स भगवओ महावीरस्स ।

કિંચિત્ નિવેદન.

બારસાસૂત્ર ત્વરિત બહાર પડ્યું જોવાની ઘણા મહાશયોની પરમ ઉત્કંઠા હતી અને છે. સવિસ્તર વિગતો વિના મૂલમાત્ર પણ સત્વર બહાર પાડવું, એવી, ગ્રાહકોની અભિલાષા અને આગ્રહને અંગે પવિત્ર પર્વાધિરાજ શ્રીપર્યુષણપર્વ-પૂર્વે કોઈ પણ સંયોગોમાં પ્રજાપાસે બારસાસૂત્ર પહોંચતું કરવું એવી, પ્રબલ ભાવના મને પણ ઉદ્ભવી! તે મુજબ આજે વાંચકો સમક્ષ શ્રીબારસાસૂત્ર પ્રગટ કરતાં હું આનન્દ અનુભવું છું!

યોગ્ય ચિત્રો સહિત માત્ર મૂલસૂત્ર અને શ્રીકાલિકાચાર્યસૂરિની બે કથાઓજ પર્યુષણા-પૂર્વે બહાર પાડી શકું તેટલીજ શક્તિ અને સમય હાથમાં હોવાથી મૂલમાત્રજ બહાર પાડવામાં સંતોષ માનવો રહ્યો!

આ ગ્રન્થ શ્રીઆગમોદય-સમિતિ તરફથી બહાર પાડવાનો હતો, તેથી તેની સઘળી તૈયારી સમિતિએ કરી રાખેલી હતી, પરન્તુ તે અલભ્ય લાભ સમિતિએ અમોને આપવાથી અન્તઃકરણપૂર્વક સમિતિના કાર્યવાહક મહાશયોનો ઉપકાર માનીએ છીએ.

ચિત્રોના બ્લોકો બનાવવામાં રતલામની શેઠ રીખવદેવજી કેશરીમલજીની પેઢી મારફતે અમદાવાદની (જહાંપનાહ)-ઝાંપડાની પોળના સદ્ગૃહસ્થોએ મદદ કરી, તથા એજ પોળના ગૃહસ્થોએ બીજી પણ જે રકમની મદદ કરી તે માટે અન્તઃકરણથી ઉપકાર માનીએ છીએ.

સમયના અભાવે પ્રતો આપનાર, બ્લોકો આપનાર અને અન્ય તમામ પ્રકારની મદદ કરનાર તેમજ સંશોધક મહાવ્યક્તિનો સર્વ-એકત્ર ઉપકાર માનવા સિવાય અન્ય કાંઈ વિશેષ લખવું ઉચિત ધાર્યું નથી.

પાના ૧૩ ઉપર આપેલું **લક્ષ્મીદેવીનું** ચિત્ર અમોએ સૂત્રાનુસારે નવું આલેખાવીને, અને **શ્રીગૌતમસ્વામીનું ચિત્ર** અમદાવાદના શેઠ સારાભાઈ નવાબે નવું આલેખાવેલું તે મૂક્યાં છે. બાકીના ચિત્રો અને નમૂનાઓ પ્રાચીન તાડપત્રી તથા સોનેરી-રૂપેરી અને સાદી પ્રતો વિગેરે ઉપરથી લીધા છે.

ઇડરના શેઠ **આણંદજી મંગળજીની પેઢીએ** પોતાના જ્ઞાનભંડારમાંથી અલભ્ય **તાડપત્રીની** (બારસાસૂત્રની) પ્રત અમોને લાંબા વર્ષપર્યન્ત ધીરવા માટે પેઢીના કાર્યવાહક મહાશયોનો અંતઃકરણથી ઉપકાર માનીએ છીએ. એ તાડપત્રી પ્રતિના આધારેજ આ મહાન્ કાર્ય કરવા ભાગ્યશાળી થયા, એટલુંજ કહી અત્ર વિરમીએ છીએ.

સુરત ગોપીપુરા,
વિ. સં. ૧૯૮૯ શ્રાવણ શુદ ૫.
(શ્રીનેમિજન્મકલ્યાણક)
તા૦ ૨૭-૭-૧૯૩૩ ગુરૂવાર.

સેવકો,
જીવણચંદ સાકરચંદ જવેરી,
અને
અન્ય માનદ સંચાલકો.

श्रीकल्प (बारसा)सूत्रगतचित्राणामनुक्रमणिका ।

इति चरित्राणि-प्रथमं वाच्यं ।

समर्पणपत्रम् ।

अयि तपागच्छगगनमार्तण्डाः! सैद्धान्तिकतार्किकवैयाकरणचक्रवर्तिनः! सततं शास्त्रसंशोधनकर्मनिरताः! समस्तमुनिमण्डलाय–आगमवाचनादातारः! पुण्यस्मरणाः! सैलानाराज्यनरेशप्रतिबोधकाः! आगमोद्धारका आचार्यवर्याः १००८ श्रीमदानन्दसागरसूरीश्वरपादाः! भवत्सदुपदेशाद्यावधि प्रकाशितप्राकृतसंस्कृतादिशास्त्रग्रन्थसमूहः 'श्रेष्ठी देवचन्द्र लालभाई' इत्यभिधानः 'जैनपुस्तकोद्धारभाण्डागार' आगमप्रकाशनकारिणी श्रीमती आगमोदयसमितिनाम्नी संस्था च प्रादुर्भूय महोपकारकं प्रकाशनकार्यं कुर्वातेतराम्, अत एव परोपकारप्रवणानां तत्र-भवतां पवित्रकरकमलेषु समर्प्यतेऽस्माभिरिदं सर्वश्रुतप्रधानं सूत्रं भवदभिलाषाहृतेऽपि अस्मदुपरि च सर्वदा भवन्तु कृपाकूपारा भवन्त इत्यभ्यर्थनापूर्वकं वयं विरमामः।

सूर्यपूरे विक्रमसंवति १९८९
तमे आषाढमासे पूर्णिमायां
शुक्रवासरे.

भवदीयचरणसेवासमुत्सुकाः
जह्वेरीत्युपाह्वः साकरचन्द्रात्मजो जीवनचन्द्रः
अन्ये मानदसञ्चालकाश्च ।

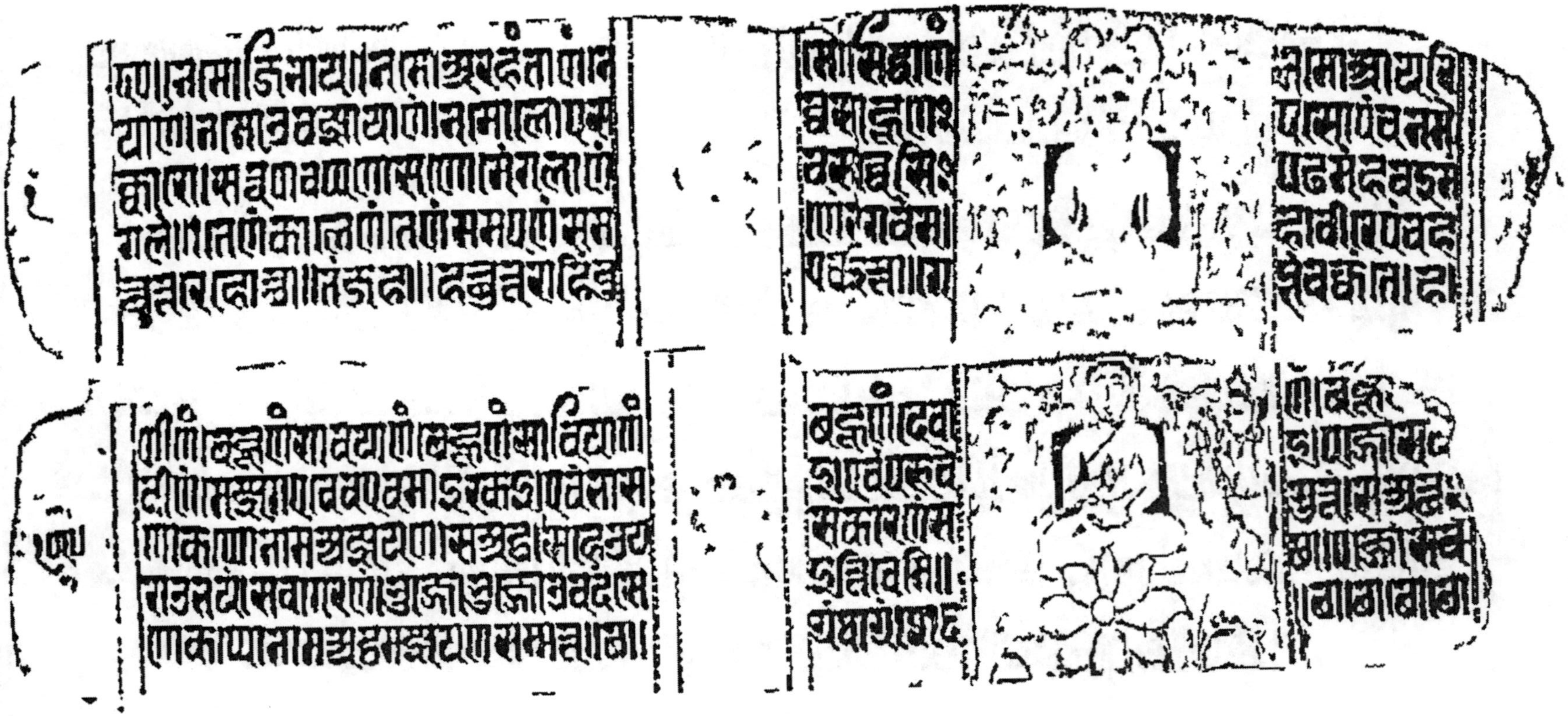

इडरना शेठ आणंदजी मंगळजीनी पेढीना ज्ञानभंडारनी बारसासूत्र–ताडपत्रीनी प्रतना पहेला अने छेल्ला पानानो नमूनो.

ताडपत्री पानानुं माप—लंबाई इंच १३$\frac{३}{४}$ थी १४$\frac{१}{२}$. पहोलाई इंच १$\frac{३}{४}$ थी २$\frac{१}{२}$.

સમર્પણપત્ર.

શ્રીમત્તપાગચ્છાગગનનભોમણિ સ્વપરસર્વસિદ્ધાન્તચક્રવર્તી સકલવ્યાકરણસાહિત્યદર્શનાધાચાર્ય સતત શાસ્ત્રસંશોધનકાર્યતત્પર,

સમસ્તસાધુસમૂહઆગમવાચનાદાતાર, પુણ્યસ્મરણ, સૈલાનાનરેશપ્રતિબોધક,

આગમોદ્ધારક આચાર્યવર્ય્ય ૧૦૦૮ શ્રીમાન્ આનન્દસાગરસૂરીશ્વરજી

કે જેમના સદુપદેશથી

શેઠ દેવચંદ લાલભાઇ જૈનપુસ્તકોદ્ધાર ફંડ,

તથા

શ્રીમતી આગમોદય સમિતિ

નામની બે અજોડ પુસ્તકપ્રકાશન-સંસ્થાઓ અસ્તિત્વમાં આવીને, જેમના સતત્ શુભ પ્રયાસ તથા પરમ કૃપાથી

અનેક પ્રાકૃત-સંસ્કૃત શાસ્ત્રગ્રંથો આજ પર્યંત અવિરતપણે પ્રકાશિત કરતી આવી છે,

તેમના પુનિત કરકમલમાં

સર્વશ્રુત પ્રધાનસૂત્ર શ્રીકલ્પસૂત્ર (બારસાસૂત્ર) ભક્તિભર નમ્ર હૃદયે સમર્પણ કરી કિંચિત્ કૃતકૃત્ય થઇએ છીએ.

પૂ૦ સૂરીશ્વરજીની અનુજ્ઞા વિના આવી ધૃષ્ટતા દર્શાવવા માટે અત્યંત ભાવપૂર્વક ક્ષમા યાચીએ છીએ.

સુરત, જુલાઇ ૧૯૩૩.
વિ. સં. ૧૯૮૯,
આષાઢીપૂર્ણિમા, શુક્રવાર.

જીવણચંદ સાકરચંદ જવેરી,

તથા

અન્ય માનદ સંચાલકો.

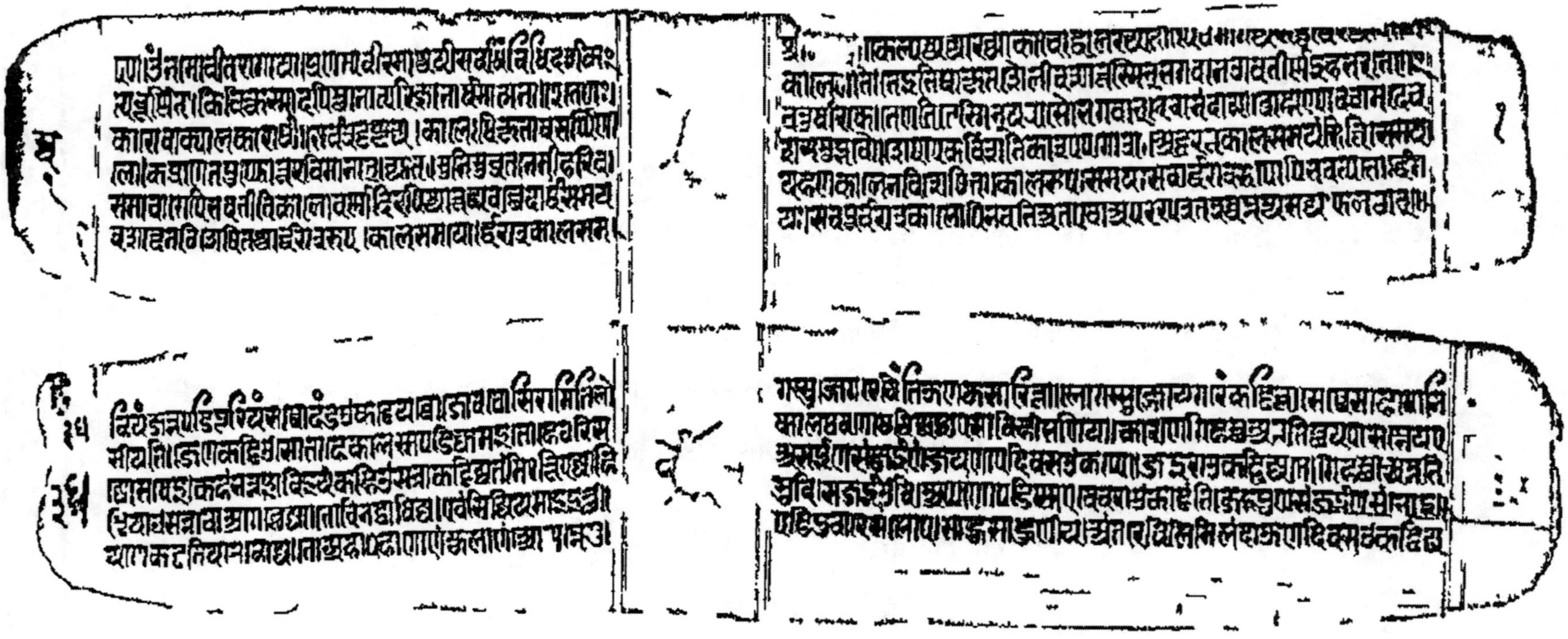

इडरना शेठ आणंदजी मंगळजीनी पेढीना ज्ञानभंडारनी बारसासूत्र-अंतरवाचनानी ताडपत्रीना पहेला अने छेल्ला पानानो नमूनो.

ताडपत्री पानानुं माप—लंबाई इंच १३½ थी १३½. पहोलाई इंच २ थी २½.

ईडरना शेठ आणंदजी मंगळजीनी पेढीना ज्ञानभंडारनी बारसाखून-ताडपत्री प्रतना श्रीपार्श्वनाथचरित्रमांना एक पानाना अडधा भागनो असल कदनो नमूनो. पार्श्वनाथजीना चित्रसहित.

ताडपत्री पानानुं माप—चित्र समचौरस इंच २ ३/८×२ ३/८. लंबाई इंच १४ १/२. पहोलाई इंच २ १/४.

जुओः- सूत्र पाना ४५-४६ चित्र पाने ४३.

श्रेष्ठि-देवचन्द्र लालभाई-जैनपुस्तकोद्धारे

श्रीदशाश्रुतस्कन्धे श्रीपर्युषणाकल्पाख्यं स्वामिश्रीभद्रबाहुविरचितम्-

श्रीकल्पसूत्रम्.

(श्रीबारसासूत्रम्-सचित्रम्.)

श्रीमहावीरस्वामी

ॐ श्रीवर्द्धमानाय नमः ॥ ॐ ॥ अर्हं ॥

नमो अरिहंताणं, नमो सिद्धाणं, नमो आयरियाणं, नमो उवज्झायाणं, नमो लोए सव्वसाहूणं ॥ एसो पंचनमुक्कारो, सव्वपावप्पणासणो। मंगलाणं च सव्वेसिं, पढमं हवइ मंगलं ॥१[१]॥ तेणं कालेणं तेणं समएणं समणे भगवं महावीरे पंचहत्थुत्तरे हुत्था, तंजहा— हत्थुत्तराहिं चुए, चइत्ता गब्भं वक्कंते १ हत्थुत्तराहिं गब्भाओ गब्भं साहरिए २ हत्थुत्तराहिं जाए ३ हत्थुत्तराहिं मुंडे भवित्ता अगाराओ अणगारिअं पव्वइए ४ हत्थुत्तराहिं अणंते

१ सूत्रद्वयमेतदीयं संख्यातम् ।

अणुत्तरे निव्वाघाए निरावरणे कसिणे पडिपुन्ने केवलवरनाणदंसणे समुप्पन्ने ५ साइणा परिनिव्वुए भयवं ६ ॥ २ ॥ तेणं कालेणं तेणं समएणं समणे भगवं महावीरे जे से गिम्हाणं चउत्थे मासे अट्ठमे पक्खे आसाढसुद्धे तस्स णं आसाढसुद्धस्स छट्ठीपक्खेणं महाविजयपुप्फुत्तरपवरपुंडरीयाओ महाविमाणाओ वीसंसागरोवमाट्ठिइयाओ आउक्खएणं भवक्खएणं ठिइक्खएणं अणंतरं चयं चइत्ता इहेव जंबुद्दीवे दीवे भारहे वासे दाहिणड्ढभरहे इमीसे ओसप्पिणीए सुसमसुसमाए समाए

अष्ट मंगलानि

विइक्कंताए १ सुसमाए समाए विइक्कंताए २ सुसमदूसमाए समाए विइक्कंताए ३ दूसमसुसमाए समाए बहुविइक्कंताए-सागरोवमकोडाकोडीए बायालीसवाससहस्सेहिं ऊणिआए पंचहत्तरिवासेहिं अद्धनवमेहि य मासेहिं सेसेहिं—इक्कवीसाए तित्थयरेहिं इक्खागकुलसमुप्पन्नेहिं कासवगुत्तेहिं, दोहि य हरिवंसकुलसमुप्पन्नेहिं गोयमसगुत्तेहिं, तेवीसाए तित्थयरेहिं विइक्कंतेहिं, समणे भगवं महावीरे चरमतित्थयरे पुव्वतित्थयरनिद्दिट्ठे माहणकुंडग्गामे नयरे उसभदत्तस्स माहणस्स कोडालसगुत्तस्स भारिआए देवाणंदाए माहणीए जालंधरसगुत्ताए पुव्वरत्तावरत्तकालसमयंसि हत्थुत्तराहिं नक्खत्तेणं जोगमुवागएणं आहारवक्कंतीए भववक्कंतीए सरीरवक्कंतीए कुच्छिंसि गब्भत्ताए वक्कंते ॥ ३ ॥ समणे भगवं

१ (१-२) साए। २ चरिमे।

महावीरे तिन्नाणोवगए आविहुत्था—चइस्सा-
मित्ति जाणइ, चयमाणे न जाणइ, चुएमित्ति
जाणइ ॥ जं रयणिं च णं समणे भगवं महा-
वीरे देवाणंदाए माहणीए जालंधरसगुत्ताए
कुच्छिसि गब्भत्ताए वक्कंते तं रयणिं च णं सा
देवाणंदा माहणी सयणिज्जंसि सुत्तजागरा ओही-
रमाणी २ इमेआरूवे उराले कल्लाणे सिवे धन्ने
मंगल्ले सस्सिरीए चउद्दस महासुमिणे पासित्ताणं
पडिबुद्धा, तंजहा—गयं—वसहं—सीहं—अभिसेअं—
दामं—ससि—दिणयरं झयं कुंभं । पउमसरं—सा-
गरं—विमाणभवणं—रयणुच्चयं— [14]सिहिं च॥१॥४॥

१ मे ए-कि० सु०।

देवानंदा-स्वप्नाः

तए णं सा देवाणंदा माहणी इमे एयारूवे उराले कल्लाणे सिवे धण्णे मंगल्ले सस्सिरीए चउद्दस महासुमिणे पासित्ताणं पडिबुद्धा समाणी हट्ठतुट्ठचित्तमाणंदिआ पीइमणा परमसोमणस्सिआ हरिसवसविसप्पमाणहियया धाराहयकलंबुगंपिव[1] समुस्ससिअरोमकूवा सुमिणुग्गहं करेइ, सुमिणुग्गहं करित्ता सयणिज्जाओ अब्भुट्ठेइ, अब्भुट्ठित्ता अतुरिअमचवलमसंभंताए अविलंबिआए रायहंससरिसीए गईए जेणेव उसभदत्ते माहणे तेणेव उवागच्छइ, उवागच्छित्ता उसभदत्तं माहणं जएणं विजएणं वद्धावेइ, वद्धावित्ता सुहासण[2]वरगया आसत्था वीसत्था करयल[3]परिग्गहियं दसनहं सिरसावत्तं मत्थए अंजलिं कट्टु एवं वयासी ॥५॥-एवं खलु अहं देवाणुप्पिआ ! अज्ज सयणिज्जंसि सुत्तजागरा ओहीरमाणी २ इमेआरूवे[4] उराले जाव सस्सिरीए चउद्दस महासुमिणे पासित्ताणं पडिबुद्धा, तंजहा-गय जाव सिहिं च ॥६॥ एएसिं णं उरालाणं जाव चउदसण्हं महासुमिणाणं के मन्ने कल्लाणे फलवित्तिविसेसे भविस्सइ ?, तए णं से उसभदत्ते माहणे देवाणंदाए माहणीए अंतिए एअमट्ठं सुच्चा नि-

१ (१-२) कयंबपुप्फगंपिव । २ (१-२) भद्दासण । ३ (१-२) सुहासणवरगया क० । ४ मे ए-कि. सुं. । ५ (१-२) देवाणुपिआ ! उ० ।

सम्म हट्ठतुट्ठ जाव हिअए धाराहयकलंबुअंपिव समुस्ससियरोमकूवे सुमिणुग्गहं करेइ, करित्ता ईहं अणुपविसइ, अणुपविसित्ता अप्पणो साभाविएणं मइपुव्वएणं बुद्धिविन्नाणेणं तेसिं सुमिणाणं अत्थुग्गहं करेइ, करित्ता देवाणंदं माहणिं एवं वयासी ॥ ७ ॥ उराला णं तुमे देवाणुप्पिए! सुमिणा दिट्ठा, कल्लाणा[3] सिवा धन्ना मंगल्ला सस्सिरिआ आरोग्गतुट्ठिदीहाउकल्लाणमंगल्लकारगा णं तुमे देवाणुप्पिए! सुमिणा दिट्ठा, तंजहा—अत्थलाभो देवाणुप्पिए! भोगलाभो देवाणुप्पिए! पुत्तलाभो देवाणुप्पिए! सुक्खलाभो देवाणुप्पिए!, एवं खलु तुमं देवाणुप्पिए! नवण्हं मासाणं बहुपडिपुन्नाणं अद्धट्ठमाणं राइंदिआणं विइक्कंताणं सुकुमालपाणिपायं अहीणपडिपुन्नपंचिंदियसरीरं लक्खणवंजणगुणोववेअं माणुम्माणपमाणपडिपुन्नसुजायसव्वंगसुंदरंगं ससिसोमाकारं कंतं पिअदंसणं सुरूवं देवकुमारोवमं दारयं पयाहिसि ॥ ८ ॥ सेऽविअ णं दारए उम्मुक्कबालभावे विन्नायपरिणयमित्ते जुव्वणगमणुपत्ते रिउव्वेअ—जउव्वेअ—सामवेअ—अथव्वणवेअ इतिहासपंचमाणं निग्घंटुछट्ठाणं संगोवंगाणं सरहस्साणं चउण्हं वेआ-

१ कयंग्गपुण्फगं. कि. सु.। २ णा णं—कि—सु०। ३ नास्ति प्र०। ४ ९ कि० सु०।

णं सारए पारए धारए, सडंगवी, सट्ठितंतविसारए, संखाणे सिक्खाणे सिक्खाकप्पे वागरणे छंदे निरुत्ते जोइसामयणे अन्नेसु अ बहुसु बंभण्णएसु परिवायएसु नएसु सुपरिनिट्ठिए[2] आविभविस्सइ ॥ ९[3] ॥ तं उराला णं तुमे देवाणुप्पिए! सुमिणा दिट्ठा, जाव आरुग्गतुट्ठिदीहाउयमंगल्लकल्लाणकारगा णं तुमे देवाणुप्पिए! सुमिणा दिट्ठत्ति कट्टु भुज्जो भुज्जो अणुवूहइ ॥ १०[4] ॥ तए णं सा देवाणंदा माहणी उसभदत्तस्स[5] अंतिए एअमट्ठं सुच्चा निसम्म हट्ठतुट्ठ जाव हियया जाव करयलपरिग्गहियं दसनहं सिरसावत्तं मत्थए अंजलिं कट्टु उसभदत्तं माहणं एवं वयासी ॥ ११ ॥ एवमेयं देवाणुप्पिआ! तहमेयं देवाणुप्पिआ! अवितहमेयं देवाणुप्पिआ! असंदिद्धमेयं देवाणुप्पिआ! इच्छियमेअं देवाणुप्पिआ! पडिच्छिअमेअं देवाणुप्पिआ! इच्छियपडिच्छियमेअं देवाणुप्पिआ! सच्चे णं एसमट्ठे[6] से जहेयं तुब्भे वयहत्ति कट्टु ते सुमिणे सम्मं पडिच्छइ, पडिच्छित्ता उसभदत्तेणं माहणेणं सद्धिं उरालाइं माणुस्सगाइं भोगभोगाइं

१ पारए धारए धारए-कि० वारए धारए-सु०। २ परिनिट्ठिए-सु०। ३ १० कि० सु०। ४ ११ कि० सु०। ५ उसभदत्तस्स माहणस्स कि० सु०। ६ एस अट्ठे।

भुंजमाणी विहरइ ॥ १२ ॥ तेणं कालेणं तेणं समएणं सक्के देविंदे देवराया वज्जपाणी पुरंदरे सयक्कऊ सहस्सक्खे मघवं पागसासणे दाहिणड्ढ-लोगाहिवई एरावणवाहणे सुरिंदे वत्तीसविमा-णसयसहस्साहिवई अरयंवरवत्थधरे आलइअ-मालमउडे नवहेमचारुचित्तचंचलकुंडलविलि-हिज्जमाणगल्ले महिड्ढिए मह[1]ज्जुइए महावले महा-यसे महाणुभावे महासुक्खे भासुरबोंदी[2] पलंबव-णमालधरे सोहम्मे कप्पे सोहम्मवडिंसए[3] विमाणे सुहम्माए सभाए सक्कंसि सीहासणंसि, से णं तत्थ वत्तीसाए विमाणवाससयसाहस्सीणं, चउ-

इंद्रसभा.

---

१ ज्जु। २ बों। ३ वडंसए।

रासीए सामाणिअसाहस्सीणं, तायत्तीसाए तायत्तीसगाणं, चउण्हं लोगपालाणं, अट्ठण्हं अग्ग-
महिसीणं सपरिवाराणं, तिण्हं परिसाणं, सत्तण्हं अणीआणं, सत्तण्हं अणीआहिवईणं, चउण्हं
चउरासीए आयरक्खदेवसाहस्सीणं, अन्नेसिं च बहूणं सोहम्मकप्पवासीणं वेमाणिआणं देवाणं
देवीण य आहेवच्चं पोरेवच्चं सामित्तं भट्टित्तं महत्तरगत्तं आणाईसरसेणावच्चं कारेमाणे पालेमाणे
महयाहयनट्टगीयवाइअतंतीतलतालतुडियघणमुइंगपडुपडहवाइयरवेणं दिव्वाइं भोगभोगाइं
भुंजमाणे विहरइ ॥ १३[2] ॥ इमं च णं केवलकप्पं जंबुद्दीवं दीवं विउलेणं ओहिणा आभो-
एमाणे २ विहरइ, तत्थ णं समणं भगवं महावीरं जंबुद्दीवे दीवे भारहे वासे दाहिणड्ढभरहे
माहणकुंडगामे नयरे उसभदत्तस्स माहणस्स कोडालसगुत्तस्स भारियाए देवाणंदाए माह-
णीए जालंधरसगुत्ताए कुच्छिंसि गब्भत्ताए वक्कंतं पासइ, पासित्ता हट्ठतुट्ठचित्तमाणंदिए
णंदिए परमानंदिए पीअमणे परमसोमणस्सिए हरिसवसविसप्पमाणहियए धाराहयनीवसु[3]-
रभिकुसुमचंचुमालइयऊससियरोमकूवे विकसियवरकमल[4]नयणवयणे पयलियवरकडगतुडिय-

१ (१-२) ०एणं । २ १४ कि. सु. । ३ (१-२) कयंब । ४ लाणणनयणे सु. ।

केऊरमउडकुंडलहारविरायंतवच्छे पालंबपलं-
बमाणघोलंतभूसणधरे ससंभमं तुरिअं चव-
लं सुरिंदे सीहासणाओ अब्भुट्ठेइ, अब्भुट्ठित्ता
पायपीढाओ पच्चोरुहइ, पच्चोरुहित्ता वेरुलिय-
वरिट्ठरिट्ठंजणनिउणोवि (वचि) अमिसिमि-
सिंतमणिरयणमंडिआओ पाउयाओ ओमुअइ,
ओमुइत्ता एगसाडिअं उत्तरासंगं करेइ,
करित्ता अंजलिमउलिअग्गहत्थे तित्थयराभि-
मुहे सत्तट्ठ पयाइं अणुगच्छइ, सत्तट्ठ पयाइं
अणुगच्छित्ता वामं जाणुं अंचेइ, अंचित्ता
दाहिणं जाणुं धरणिअलंसि साहट्टु तिक्खुत्तो

१ नास्ति प्र. ।

शक्रस्तव.

मुद्धाणं धरणियलंसि निवेसेइ, निवेसित्ता ईसिं पच्चुन्नमइ, पच्चुण्णमित्ता कडगतुडिअथंभिआओ भुआओ साहरेइ, साहरित्ता करयलपरिग्गहिअं दसनहं सिरसावत्तं मत्थए अंजलिं कट्टु एवं वयासी ॥ १४[1] ॥ नमुत्थु णं अरिहंताणं भगवंताणं, आइगराणं तित्थयराणं सयंसंबुद्धाणं, पुरिसुत्तमाणं पुरिससीहाणं पुरिसवरपुंडरीयाणं पुरिसवरगंधहत्थीणं, लोगुत्तमाणं लोगनाहाणं लोगहियाणं लोगपईवाणं लोगपज्जोअगराणं, अभयदयाणं चक्खुदयाणं मग्गदयाणं सरणदयाणं जीवदयाणं बोहिदयाणं, धम्मदयाणं धम्मदेसयाणं धम्मनायगाणं धम्मसारहीणं धम्मवरचाउरंतचक्कवट्टीणं, दीवो ताणं सरणं गई पइट्ठा अप्पडिहयवरनाणदंसणधराणं विअट्टछउमाणं, जिणाणं जावयाणं तिन्नाणं तारयाणं बुद्धाणं बोहयाणं मुत्ताणं मोअगाणं, सव्वण्णूणं सव्वदरिसीणं, सिवमयलमरुअमणंतमक्खयमव्वाबाहमपुणरावित्तिसिद्धिगइनामधेयं ठाणं संपत्ताणं, नमो जिणाणं जियभयाणं ॥ नमुत्थु णं समणस्स भगवओ महावीरस्स आइगरस्स चरमतित्थयरस्स पुव्वतित्थयरनिद्दिट्ठस्स जाव संपाविउकामस्स ॥

१ १५ कि. ।

वंदामि णं भगवंतं तत्थ गयं इह गए, पासइ मे भगवं तत्थ गए इह गयंतिकट्टु समणं भगवं महावीरं वंदइ नमंसइ, वंदित्ता नमंसित्ता सीहासणवरंसि पुरत्थाभिमुहे सन्निसन्ने ॥ तए णं तस्स सक्कस्स देविंदस्स देवरन्नो अयमेआरूवे अब्भत्थिए चिंतिए पत्थिए मणोगए संकप्पे समुप्पज्जित्था[3] ॥ १५ ॥ न खलु एयं भूअं, न एयं भव्वं, न एयं भविस्सं, जं णं अरिहंता वा चक्कवट्टी वा बलदेवा वा वासुदेवा वा अंतकुलेसु वा पंतकुलेसु वा तुच्छकुलेसु वा दरिद्दकुलेसु वा किवणकुलेसु वा भिक्खागकुलेसु वा माहणकुलेसु वा आयाइंसु वा आयाइंति वा

१ उ। २ अज्झोऽधिकोऽत्र। ३ वि।

इंद्रचिंतनं.

आयाइस्संति वा ॥ १६[1] ॥ एवं खलु अरहंता वा चक्कवट्टी वा बलदेवा वा वासुदेवा वा उग्गकुलेसु वा भोगकुलेसु वा राइण्णकुलेसु वा इक्खागकुलेसु वा खत्तियकुलेसु वा हरिवंसकुलेसु वा अन्नयरेसु वा तहप्पगारेसु विसुद्धजाइकुलवंसेसु आयाइंसु वा आयाइंति वा आयाइस्संति वा ॥ १७[2] ॥ अत्थि पुण एसेऽवि भावे लोगच्छेरयभूए अणंताहिं उस्सप्पिणीओसप्पिणीहिं विइक्कंताहिं समुप्पज्जइ, (ग्रं. १००) नामगुत्तस्स वा कम्मस्स अक्खीणस्स अवेइअस्स अणिज्जिण्णस्स उदएणं जं णं अरहंता वा चक्कवट्टी वा बलदेवा वा वासुदेवा वा अंतकुलेसु वा पंतकुलेसु वा तुच्छ० दरिद्द० भिक्खाग० किवेण० आयाइंसु वा आयाइंति वा आयाइस्संति वा, कुच्छिंसि गब्भत्ताए वक्कमिंसु वा वक्कमंति वा वक्कमिस्संति वा, नो चेव णं जोणीजम्मणनिक्खमणेणं निक्खमिंसु वा निक्खमंति वा निक्खमिस्संति वा ॥ १८[4] ॥ अयं च णं समणे भगवं महावीरे जंबुद्दीवे दीवे भारहे वासे माहणकुंडग्गामे नयरे उसभदत्तस्स माहणस्स कोडालसगुत्तस्स भारियाए देवाणंदाए माहणीए जालंधरसगुत्ताए

१ १७ कि. सु. । २ १८ कि. सु. । ३ वि । ४ १९ कि. सु. ।

कुच्छिंसि गब्भत्ताए वक्कंते ॥ १९[1] ॥ तं जीअमेअं तीअपच्चुप्पन्नमणागयाणं सक्काणं देविंदाणं देवरायाणं अरहंते भगवंते तहप्पगारेहिंतो अंतकुलेहिंतो पंतकुलेहिंतो तुच्छ० दरिद्द० भिक्खाग० किवणकुलेहिंतो तहप्पगारेसु उग्गकुलेसु वा भोगकुलेसु वा रायन्नकुलेसु नायखत्तियहरिवंसकुलेसु वा अन्नयरेसु वा तहप्पगारेसु विसुद्धजाइकुलवंसेसु वा[4] साहराविंत्तए, तं सेयं खलु ममवि समणं भगवं महावीरं चरमतित्थयरं पुव्वतित्थयरनिद्दिट्ठं माहणकुंडग्गामाओ नयराओ उसभदत्तस्स माहणस्स कोडालसगुत्तस्स भारियाए देवाणंदाए माहणीए जालंधरसगुत्ताए कुच्छीओ खत्तियकुंडग्गामे नयरे नायाणं खत्तियाणं सिद्धत्थस्स खत्तियस्स कासवगुत्तस्स भारियाए तिसलाए खत्तिआणीए वासिट्ठसगुत्ताए कुच्छिंसि गब्भत्ताए साहराविंत्तए। जेऽविय णं से तिसलाए खत्तियाणीए गब्भे तंपिय णं देवाणंदाए माहणीए जालंधरसगुत्ताए कुच्छिंसि गब्भत्ताए साहराविंत्तएत्तिकट्टु एवं संपेहेइ, एवं संपेहित्ता हरिणेगमेसिं अग्गाणीयाहिवइं देवं सद्दावेइ, सद्दावेत्ता एवं वयासी ॥ २०[6] ॥ एवं खलु देवाणुप्पिआ !

१ २० कि. सु. । २ ई । ३ वि । ४ जाव रज्जसिरिं कारेमाणेसु पालेमाणेसु । ५ (१-२) पायत्ताणीया० । ६ २१ कि. सु. ।

न एअं भूअं, न एअं भव्वं, न एअं भविस्सं, जं णं अरिहंता वा चक्कवट्टी वा बलदेवा वा वासुदेवा वा अंतकुलेसु वा पंत० किवण० दरिद्द० तुच्छ० भिक्खाग०, आयाइंसु वा ३, एवं खलु अरिहंता वा चक्क० बल० वासुदेवा वा उग्गकुलेसु वा भोगकुलेसु वा राइण्ण० नाय० खत्तिय० इक्खाग० हरिवंसकुलेसु वा अन्नयरेसु वा तहप्पगारेसु विसुद्धजाइकुलवंसेसु आयाइंसु वा ३ ॥ २१[2] ॥ अत्थि पुण एसेऽवि भावे लोगच्छेरयभूए अणंताहिं उस्सप्पिणीओसप्पिणीहिं[3] विइक्कंताहिं समुप्पज्जंति, नामगुत्तस्स वा कम्मस्स अक्खीणस्स अवेइअस्स अणिज्जिण्णस्स उदएणं, जं णं अरिहंता वा चक्कवट्टी वा बलदेवा वा वासुदेवा वा अंतकुलेसु वा पंतकुलेसु वा तुच्छ० किवण० दरिद्द० भिक्खागकुलेसु वा आयाइंसु वा ३, कुच्छिंसि गब्भत्ताए वक्कमिंसु वा वक्कमंति वा वक्कमिस्संति वा । नो चेव णं जोणीजम्मणनिक्खमणेणं निक्खमिंसु वा ३ ॥ २२[5] ॥ अयं च णं समणे भगवं महावीरे जंबुद्दीवे दीवे भारहे वासे माहणकुंडग्गामे नयरे उसभदत्तस्स माहणस्स कोडालसगुत्तस्स भारियाए देवाणंदाए

१ वि। २ २२ कि. सु.। ३ णीहिं कि.। ४ वि। ५ २३ कि. सु.।

चित्रकल्पसूत्र

(बारसासूत्र)

ए उपरांत गुजरातनी चित्रकल्पनाना सर्वोत्कृष्ट नमूनाओ रजू करती वेलबुट्टीओ, प्राणीओ तथा नृत्य करतां पात्रोना हांसियाओ अने किनारो, धार्मिक तथा प्राकृतिक मंगल संकेतो अने प्रतीकोनां नानाविध सुशोभनो आ ग्रंथ माटे ठेरठेरथी चूंटी-चूंटीने लेवामां आव्यां छे अने आ समग्र कार्य गुजरातना सुप्रसिद्ध चित्रकार श्री रविशंकर रावळनी देखरेख नीचे तैयार करवामां आव्युं छे तेमज आखो ग्रंथ पण अथ थी इति सुधी कुमार कार्यालयमां ज तैयार करवामां आवनार छे.

चित्रसामग्रीनी आटली समृद्धि तथा आटली विपुलता अने विविधता साथे आटला खर्च अने आटली महेनत तैयार करवामां आवनार आ ग्रंथरत्न आज सुधीनां प्रकाशनोमां अनुपम बनी रहेशे.

किंमत : अगाउथी ग्राहक थनार माटे बार रूपिया · पाछळथी सोळ रूपिया.

ऑर्डर साथे नाणा अगाउथी मोकल्या विना ग्राहक नोंधवामां आवता नथी.

अमारां बीजां प्रकाशनो

जैन चित्रकल्पद्रुम	चित्रसंख्या ३६०	२५-०-०	अनेकार्थ साहित्यसंग्रह भाग १			२-०-०
महाप्राभाविक नवस्मरण	,, ४१२	२५-०-०	११५१ स्तवन मंजुषा	चित्रसंख्या	२५	२-८-०
भैरव पद्मावती कल्प	,, ७०	१५-०-०	श्री जैन सज्झायसंग्रह	,,	२०	२-८-०
मंत्राधिराज चिंतामणि	,, ६५	७-८-०	भारतीय जैन श्रमणसंस्कृति अने लेखनकळा		२०	८-०-०
जैन स्तोत्र संदोह भाग-१	,, १०	५-०-०	जैन चित्रकल्पलता		६५	८-०-०

नी संपूर्ण यादी माटे प्राइसलिस्ट मंगावो.

प्रकाशक तथा प्राप्तिस्थान · साराभाई मणिलाल नवाब · नागजी भूधरनी पोळ · अमदावाद

Printed ... Ahmedabad

माहणीए जालंधरसगुत्ताए कुच्छिंसि गब्भत्ताए वक्कंते ॥ २३[1] ॥ तं जीअमेयं [illegible]ुप्पण्ण-मणागयाणं सक्काणं देविंदाणं देवराईणं अरहंते भगवंते तहप्पगारेहिंतो अन्तकुलेहिंतो पंतकुलेहिंतो तुच्छ० किवण० दरिद्द० वणीमग० जाव माहणकुलेहिंतो तहप्पगारेसु उग्गकुलेसु वा भोगकुलेसु वा राइण्ण० नाय० खत्तिय० इक्खाग० हरिवं० अन्नयरेसु वा तहप्पगारेसु विसुद्धजाइकुलवंसेसु साहराविंत्तए ॥ २४[2] ॥ तं गच्छ णं तुमं देवाणुप्पिआ ! समणं भगवं महावीरं माहणकुंडग्गामाओ नयराओ उसभदत्तस्स माहणस्स कोडालसगुत्तस्स भारियाए देवाणंदाए माहणीए जालंधरसगुत्ताए कुच्छीओ खत्तियकुंडग्गामे नयरे नायाणं खत्तियाणं सिद्धत्थस्स खत्तियस्स कासवगुत्तस्स भारियाए तिसलाए खत्तियाणीए वासिट्ठसगुत्ताए कुच्छिंसि गब्भत्ताए साहराहि, जेऽविअ णं से तिसलाए खत्तियाणीए गब्भे तंपिअ णं देवाणंदाए माहणीए जालंधरसगुत्ताए कुच्छिंसि गब्भत्ताए साहराहि, साहरित्ता ममेयमाणत्तिअं खिप्पामेव पच्चप्पिणाहि ॥ २५[3] ॥ तए णं से हरिणेगमेसी अग्गाणीयाहिवई देवे सक्केणं देविंदेणं देवरन्ना एवं

---

१ २४ कि. सु. । २ २५ कि. सु. । ३ २६ कि. सु. । ४ (२–३) पायत्ताणीया० ।

આતમ ઓઠે અગનપછેડી

પાત્રસૂચિ

માલવિકા	:	મીનળ મહેતા
નાનકી	:	વર્ષા શાહ
સ્વામી અભયાનંદ	:	હર્ષદ પારેખ
સોમચંદ શેઠ	:	નામદેવ લહુટે
ચતુરભાઈ	:	જયેશ દેસાઈ
સુખો	:	કિશોર દવે
નાથુભાઈ	:	કમલેશ દરૂ
જગુભાઈ	:	ફિરોઝ ઈરાની
મકવાણા	:	ઈમ્તીયાઝ અહેમદ
જગાસિયા	:	મોહન ભંડારી
રામજીભાઈ	:	રામકૃષ્ણ નાયક
શકુર	:	જિતુ સંઘવી
છોટુ	:	જીતેન્દ્ર શુકલ
નોકર	:	પ્રદીપ દેસાઈ
નોકર	:	ભૂપેન્દ્ર શુકલ
સેક્રેટરી	:	મુકેશ રાવલ
ટાઈપીસ્ટ	:	ભરત ડોસા
પેસ્તનજી	:	ગિરીશ પંડયા
નોકર	:	અશોક જોશી
નોકર	:	હર્ષદ શુકલ
તથા		
ચંદ્રશેખર	:	ગિરીશ દેસાઈ
ધનરાજ	:	કાન્તિ મડિયા

प्रकाशक तथा प्राप्तिस्थान · सागरभाई मणिलाल नवाब · नागजी भूधरनी पोळ · अमदावाद

पुग्गले परिसाडेइ[1], परिसाडित्ता अहासुहुमे पुग्गले परिआदियइ[2] ॥ २८[3] ॥ परियाइत्ता दुच्चंपि वेउव्विअसमुग्घाएणं समोहणइ, समोहणित्ता उत्तरवेउव्वियरूवं विउव्वइ, विउव्वित्ता ताए उक्किट्ठाए तुरियाए चवलाए चंडाए जइणाए[4] उद्धुआए सिग्घाए[5] दिव्वाए देवगइए वीईवयमाणे २ तिरिअमसंखिज्जाणं दीवसमुद्दाणं मज्झंमज्झेणं जेणेव जंबुद्दीवे दीवे जेणेव भारहे वासे जेणेव माहणकुंडग्गामे नयरे जेणेव उसभदत्तस्स माहणस्स गिहे जेणेव देवाणंदा माहणी तेणेव उवागच्छइ, उवागच्छित्ता आलोए समणस्स भगवओ महावीरस्स पणामं करेइ, करित्ता देवाणंदाए माहणीए सपरिजणाए ओसोवणिं दलइ, ओसोवणिं दलित्ता असुभे पुग्गले अवहरइ, अवहरित्ता सुभे पुग्गले पक्खिवइ, पक्खिवित्ता अणुजाणउ मे भयवंति कट्टु समणं भगवं महावीरं अव्वाबाहं अव्वाबाहेणं दिव्वेणं पहावेणं करयलसंपुडेणं गिण्हइ[6], समणं भगवं महावीरं० गिण्हित्ता जेणेव खत्तिअकुंडग्गामे नयरे जेणेव सिद्धत्थस्स खत्तिअस्स गिहे जेणेव तिसला खत्तियाणी तेणेव

१ परिसाडिअ क० । २ एइ । ३ २७ कि. सु. । ४ जयणाए कि. सु. । ५ छेआए क० । ६ गिण्हइ गिण्हित्ता कि सु. ।

शक्राज्ञा.

वुत्ते समाणे हट्ठे जाव हयहियए करयल
जावत्तिकट्टु एवं जं देवो आणवेइत्ति आणाए
विणएणं वयणं पडिसुणेइ, पडिसुणित्ता उत्तर-
पुरच्छिमं दिसीभागं अवक्कमइ, अवक्कमित्ता
वेउव्विअसमुग्घाएणं समोहणइ, वेउव्विअसमु-
ग्घाएणं समोहणित्ता संखिज्जाइं जोअणाइं
दंडं निसिरइ, तंजहा—रयणाणं वइराणं वेरु-
लिआणं लोहिअक्खाणं मसारगल्लाणं हंसग-
ब्भाणं पुलयाणं सोगंधियाणं जोईरसाणं
अंजणाणं अंजणपुलयाणं जायरूवाणं सुभ-
गाणं अंकाणं फलिहाणं रिट्ठाणं अहाबायरे

१ नास्ति कि. सु.।

उवागच्छइ, तेणेव उवागच्छित्ता तिसलाए खत्तिआणीए सपरिजणाए ओसोअणिं दलइ, ओसोअणिं दलित्ता असुभे पुग्गले अवहरइ, अवहरित्ता सुभे पुग्गले पक्खिवइ, पक्खिवित्ता समणं भगवं महावीरं अव्वाबाहं अव्वाबाहेणं तिसलाए खत्तिआणीए कुच्छिंसि गब्भत्ताए साहरइ, जेऽविअ णं से तिसलाए खत्तिआणीए गब्भे तंपिअ णं देवाणंदाए माहणीए जालंधरसगुत्ताए कुच्छिंसि गब्भत्ताए साहरइ, साहरित्ता[1] जामेव दिसिं पाउब्भूए तामेव दिसिं पडिगए ॥२७[2]॥ उक्किट्ठाए[3] तुरिआए चवलाए चंडाए जवणाए उद्धुआए सिग्घाए दिव्वाए देवगईए तिरिअमसंखिज्जाणं दीवसमुद्दाणं मज्झंमज्झेणं जोअणसाहस्सिएहिं विग्गहेहिं उप्पयमाणे २ जेणामेव सोहम्मे कप्पे सोहम्मवडिंसए विमाणे सक्कंसि सीहासणंसि सक्के देविंदे देवराया तेणामेव उवागच्छइ, उवागच्छित्ता सक्कस्स देविंदस्स देवरन्नो एअमाणत्तिअं खिप्पामेव पच्चप्पिणइ ॥२८[4]॥ तेणं कालेणं तेणं समएणं समणेभगवं महावीरे जे से वासाणं तच्चेमासे पंचमे पक्खे आसोअबहुले, तस्स णं अस्सोअबहुलस्स[5] तेरसीपक्खेणं बासीइराइंदिएहिं विइक्कंतेहिं तेसी-

१ इ, साहरित्ता। २ २८ कि सु.। ३ ताए उक्कि० कि सु। ४ २९ कि. सु। ५ आसो।

देवानंदागर्भहरणं.

त्रिशलागर्भसंक्रमणं.

जं रयणिं च णं समणे भगवं महावीरेदेवाणंदाए
माहणीए जालंधरसगुत्ताए कुच्छीओ तिसलाए
खत्तिआणीए वासिट्ठसगुत्ताए कुच्छिंसि गब्भ-
त्ताए साहरिए तं रयणिं च णं सा तिसला खत्ति-
आणी तंसि तारिसगंसि वासघरंसि अब्भिंत-
रओ सचित्तकम्मे बाहिरओ दूमिअघट्ठमट्ठे वि-
चित्तउल्लोअचिल्लियतले मणिरयणपणासिअंध-
यारे बहुसमसुविभत्तभूमिभागे पंचवन्नसरससुर-
भिमुक्कपुप्फपुंजोवयारकलिए कालागुरुपवरकुं-
दुरुक्कतुरुक्कडज्झंतधूवमघमघंतगंधुद्धुयाभिरामे
सुगंधवरगंधिए गंधवट्टिभूए तंसि तारिसगंसि

त्रिशलास्वप्नाः

इमस्स राइंदिअस्स अंतरा वट्टमाणे[1] हिआणुकंपएणं देवेणं हरिणेगमेसिणा सक्कवयणसंदिट्ठेणं माहणकुंडग्गामाओ नयराओ उसभदत्तस्स माहणस्स कोडालसगुत्तस्स भारिआए देवाणंदाए माहणीए जालंधरसगुत्ताए कुच्छीओ खत्तियकुंडग्गामे नयरे नायाणं खत्तिआणं सिद्धत्थस्स खत्तिअस्स कासवगुत्तस्स भारिआए तिसलाए खत्तिआणीए वासिट्ठसगुत्ताए पुव्वरत्तावरत्तकाल-समयंसि हत्थुत्तराहिं नक्खत्तेणं जोगमुवागएणं अव्वाबाहं अव्वाबाहेणं कुच्छिंसि गब्भत्ताए साह-रिए ॥२९[2]॥ तेणं कालेणं तेणं समएणं समणे भगवं महावीरे तिन्नाणोवगए आवि हुत्था, तंजहा[3]— साहरिज्जिस्सामित्ति जाणइ, साहरिज्जमाणे न जाणइ, साहरिएमित्ति जाणइ ॥ ३०[4] ॥ जं रयणिं च णं समणे भगवं महावीरे देवाणंदाए माहणीए जालंधरसगुत्ताए कुच्छीओ तिसलाए खत्ति-आणीए वासिट्ठसगुत्ताए कुच्छिंसि गब्भत्ताए साहरिए तं रयणिं च णं सा देवाणंदा माहणी सय-णिज्जंसि सुत्तजागरा ओहीरमाणी २ इमेयारूवे उराले कल्लाणे सिवे धन्ने मंगल्ले सस्सिरीए चउ-दस महासुमिणे तिसलाए खत्तियाणीए हडेत्ति पासित्ताणं पडिबुद्धा, तंजहा—गय० गाहा ॥३१॥

१ वट्टमाणस्स क. सु. । २३० कि. सु. । ३ नास्ति प्र० । ४ नास्त्यत्राङ्कः कि. सु. ।

जं रयणिं च णं समणे भगवं महावीरे देवाणंदाए माहणीए जालंधरसगुत्ताए कुच्छीओ तिसलाए खत्तिआणीए वासिट्ठसगुत्ताए कुच्छिंसि गब्भत्ताए साहरिए तं रयणिं च णं सा तिसला खत्तिआणी तंसि तारिसगंसि वासघरंसि अब्भिंतरओ सचित्तकम्मे बाहिरओ दूमिअघट्ठमट्ठे विचित्तउल्लोअचिल्लियतले मणिरयणपणासिअंधयारे बहुसमसुविभत्तभूमिभागे पंचवन्नसरससुरभिमुक्कपुप्फपुंजोवयारकलिए कालागुरुपवरकुंदुरुक्कतुरुक्कडज्झंतधूवमघमघंतगंधुद्धुयाभिरामे सुगंधवरगंधिए गंधवट्टिभूए तंसि तारिसगंसि

त्रिशलाशय्या

सयणिज्जंसि सालिंगणवट्टिए उभओ विब्बोअणे उभओ उन्नए मज्झे णयगंभीरे गंगापुलिण-
वालुअउद्दालसालिसए ओअविअखोमिअदुगुल्लपट्टपडिच्छन्ने सुविरइअरयत्ताणे रत्तंसुयसंवुए
सुरम्मे आइणगरूयबूरनवणीअतूलतुल्लफासे सुगंधवरकुसुमचुन्नसयणोवयारकलिए, पुव्वरत्ता-
वरत्तकालसमयंसि सुत्तजागरा ओहीरमाणी २ इमेआरूवे उराले जाव चउद्दस महासुमिणे
पासित्ताणं पडिबुद्धा, तंजहा–गय–वसह–सीह–अभिसेयं–दामं–ससि–दिणयरं झयं कुंभं ।
पउमसरं–सागरं–विमाणभवणं–रयणुच्चयं–सिहिं च ॥ १ ॥ ३२ ॥

तए णं सा तिसला खत्तिआणी तप्पढमयाए तओअचउद्दंतमूसिअगलियविपुलजलहर-
हारनिकरखीरसागरससंककिरणदगरयरययमहासेलपंडुरतरं[2] समागयमहुयरसुगंधदाणवासि-
यकपोलमूलं देवरायकुंजरं(व)वरप्पमाणं पिच्छइ सजलघणविपुलजलहरगज्जियगंभीरचारु-
घोसं इभं सुभं सव्वलक्खणकयंबिअं वरोरुं १ ॥ ३३ ॥

१ नास्तीदं क० सु. २ पंडुरं सु. ।

तओ पुणो धवलकमलपत्तपयराइरेगरूवप्पभं पहासमुदओवहारेहिं सबओ चेव दीवयंतं अइसिरिभरपिल्लणाविसप्पंतकंतसोहंतचारुककुहं तणुसुइसुकुमाललोमनिद्धच्छविं थिरसुबद्धमंसलोवचिअलट्ठसुविभत्तसुंदरंगं पिच्छइ घणवट्टलट्ठउक्किट्ठविसिट्ठतुप्पग्गतिक्खसिंगं दंतं सिवं समाणसोहंतसुद्धदंतं वसहं अमिअगुणमंगलमुहं २ ॥ ३४ ॥

तओ पुणो हारनिकरखीरसागरससंककिरणदगरयरययमहासेलपंडुरंगं (ग्रं० २००) रमणिज्जपिच्छणिज्जं थिरलट्ठपउट्ठवट्टपीवरसुसिलिट्ठविसिट्ठतिक्खदाढाविडंबिअमुहं परिकम्मिअजच्चकमलकोमलपमाणसोहंतलट्ठउट्ठं रत्तुप्पलपत्तमउअसुकुमालतालुनिल्लालियग्गजीहं मूसागयपवरकणगताविअआवत्तायंतवट्टतडियविमलसरिसनयणं विसालपीवरवरोरुं पडिपुन्नविमलखंधं मिउविसयसुहुमलक्खणपसत्थविच्छिन्नकेसराडोवसोहिअं ऊसिअसुनिम्मिअसुजायअप्फोडिअलंगूलं सोमं सोमाकारं लीलायंतं नहयलाओ ओवयमाणं नियगवयणमइवयंतं पिच्छइ सा गाढतिक्खग्गनहं सीहं वयणसिरीपल्लवपत्तचारुजीहं ३ ॥ ३५ ॥

१ सुद्ध क० सु० । २ पंडुरतरं कि० सु० । ३ पलंब० क० कि० ।

लक्ष्मीः

तओ पुणो पुन्नचंद-
वयणा, उच्चागयठाण-
लट्ठसंठिअं पसत्थरूवं
सुपइट्ठिअकणगकुम्म-
सरिसोवमाणचलणं अ-
च्चुन्नयपीणरइअमंसल-
उन्नयतणुतंबनिद्धनहं
कमलपलाससुकुमाल-
करचरणकोमलवरंगु-
लिं कुरुविंदावत्तवट्टाणु-
पुव्वजंघं निगूढजाणुं ग-

१ उवचिय सु.। २ कणगमय. क. कि.।

स्वप्नेषु लक्ष्मीः

यवरकरसरिसपीवरोरुं चामीकररइअमेहलाजुत्तकंतविच्छिन्नसोणिचक्कं जच्चंजणभमरजलयप-
यरउज्जुअसमसंहिअतणुअआइज्जलडहसुकुमालमउअरमणिज्जरोमराइं नाभीमंडलसुंदरविसाल-
पसत्थजघणं करयलमाइअपसत्थतिवलियमज्झं नाणामणिकणगरयणविमलमहातवणिज्जाभ-
रणभूसणविराइयंगोवंगिं हारविरायंतकुंदमालपरिणद्धजलजलिंतथणजुअलविमलकलसं आइ-
यपत्तिअविभूसिएणं सुभगजालुज्जलेणं मुत्ताकलावएणं उरत्थदीणारमालियविरइएण कंठम-
णिसुत्तएण य कुंडलजुअलुल्लसंतअंसोवसत्तसोभंतसप्पभेणं सोभागुणसमुदएणं आणणकुडुं-
विएणं कमलामलविसालरमणिज्जलोअणं कमलपज्जलंतकरगहिअमुक्कतोयं लीलावायकयप-
क्खवएणं सुविसदकसिणघणसण्हलंबंतकेसहत्थं पउमद्दहकमलवासिणिं सिरिं भगवइं पिच्छइ
हिमवंतसेलसिहरे दिसागइंदोरुपीवरकराभिसिच्चमाणिं ४ ॥ ३६ ॥

तओ पुणो सरसकुसुममंदारदामरमणिज्जभूअं चंपगासोगपुन्नागनागपिअंगुसिरीसमुग्ग-
रगमल्लिआजाइजूहिअंकोल्लकोज्जकोरिंटपत्तदमणयनवमालिअबउलतिलयवासंतिअपउमुप्प-

१ रयणकणग कि० । २ मंगुवंगिं क० कि० । ३ मालवि० कि० सु० । ४ णिं प्र० ।

लपाडलकुंदाइमुत्तसहकारसुरभिगंधिं अणुवममणोहरेणं गंधेणं दस दिसाओवि वासयंतं सव्वोउअसुरभिकुसुममल्लधवलविलसंतकंतबहुवन्नभत्तिचित्तं छप्पयमहुअरिभमरगणगुमगुमायंतनिलिंतगुंजंतदेसभागं दामं पिच्छइ नहंगणतलाओ ओवयंतं ५ ॥ ३७ ॥

ससिं च गोखीरफेणदगरयरययकलसपंडुरं सुभं हिअयनयणकंतं पडिपुन्नं तिमिरनिकरघणगुहिरवितिमिरकरं पमाणपक्खंतरायलेहं कुमुअवणविबोहगं निसासोहगं सुपरिमट्ठदप्पणतलोवमं हंसपडुवन्नं जोइसमुहमंडगं तमरिपुं मयणसरापूरगं समुद्ददगपूरगं दुम्मणं जणं दइअवज्जिअं पायएहिं सोसयंतं पुणो सोमचारुरूवं पिच्छइ सा गगणमंडलविसालसोमचंकम्ममाणतिलगं रोहिणिमणहिअयवल्लहं देवी पुन्नचंदं समुल्लसंतं ६ ॥ ३८ ॥

तओ पुणो तमपडलपरिप्फुडं चेव तेअसा पज्जलंतरूवं रत्तासोगपगासकिंसुअसुअमुहगुंजद्धरागसरिसं कमलवणालंकरणं अंकणं जोइसस्स अंबरतलपईवं हिमपडलगलग्गहं गहगणोरुनायगं रत्तिविणासं उदयत्थमणेसु मुहुत्तसुहदंसणं दुन्निरिक्खरूवं रत्तिसुद्धंतदुप्पयारप-

१ मंदारपारिजातियचंपगविउलमचकुंदपाडलजायजूहियसुगंधगंधपुप्फमालासहकार० ।

स्वप्नेषु दाम चन्द्रः सूर्यश्च

स्वप्नेषु ध्वजः कलशश्च

मद्दणं सीअवेगमहणं पिच्छइ मेरुगिरि सयय परियट्टयं विसालं सूरं रस्सीसहस्सपयलियदित्तसोहं ७ ॥ ३९ ॥

तओ पुणो जच्चकणगलट्ठिपइट्ठिअं समूहनीलरत्तपीयसुक्किल्लसुकुमालुल्लसियमोरपिच्छकयमुद्धयं धयं अहियसस्सिरीयं फालिअसंखंककुंददगरययरययकलसपंडुरेण मत्थयत्थेण सीहेण रायमाणेण रायमाणं भित्तुं गगणतलमंडलं चेव ववसिएणं पिच्छइ सिवमउयमारुयलयाहयकंपमाणं अइप्पमाणं जणपिच्छणिज्जरूवं ८ ॥ ४० ॥

तओ पुणो जच्चकंचणुज्जलंतरूवं निम्मलजलपुण्णमुत्तमं दिप्पमाणसोहं कमलकलावपरिरायमाणं पडिपुण्णसव्वमंगलभेयसमागमं पवररयणपरायंतकमलट्ठियं नयणभूसणकरं पभासमाणं सव्वओ चेव दीवयंतं सोमलच्छीनिभेलणं सव्वपावपरिवज्जिअं सुभं भासुरं सिरिवरं सव्वोउयसुरभिकुसुमआसत्तमल्लदामं पिच्छइ सा रययपुण्णकलसं ९ ॥ ४१ ॥

तओ पुणो पुणरवि रविकिरणतरुणबोहियसहस्सपत्तसुरभितरपिंजरजलं जलचरपहकरप-

---

१ परिरायंत सु० ।

रिहत्थगमच्छपरिभुज्जमाणजलसंचयं महंतं जलंतमिव कमलकुवलयउप्पलतामरसपुंडरीय-उरुसप्पमाणसिरिसमुदएणं रमणिज्जरूवसोहं पमुइयंतभमरगणमत्तमहुयरिगणुक्करोलि(ल्लि)ज्जमाणकमलं २५० कायंबगवलाहयचक्ककलहंससारसगव्विअसउणगणमिहुणसेविज्जमाणसलिलं पउमिणिपत्तोवलग्गजलबिंदुनिचयचित्तं पिच्छइ सा हिययनयणकंतं पउमसरं नाम सरं सररुहाभिरामं १०॥ ४२ ॥

तओ पुणो चंदकिरणरासिसरिससिरिवच्छसोहं चउगमणपवड्ढमाणजलसंचयं चवलचंचलुच्चायप्पमाणकल्लोललोलंततोयं पडुपवणाहयचलियचवलपागडतरंगरंगंतभंगखोखुब्भमाणसोभंतनिम्मलुक्कडउम्मीसहसंबंधधावमाणोनियत्तभासुरतराभिरामं महामगरमच्छतिमितिमिंगिलनिरुद्धतिलितिलियाभिघायकप्पूरफेणपसरं महानईतुरियवेगसमागयभमगंगावत्तगुप्पमाणुच्चलंतपच्चोनियत्तभममाणलोलसलिलं पिच्छइ खीरोयसायरं सा रयणिकरसोमवयणा ११॥४३॥

तओ पुणो तरुणसूरमंडलसमप्पहं दिप्पमाणसोभं उत्तमकंचणमहामणिसमूहपवरतेयअ-

१ नेदम् क० सु० । २ चउगुग० । ३ धावमाणावनि० सु० ।

स्वप्नेषु विमानं रत्नराशिश्च

दुसहस्सदिप्पंतनहप्पईवं कणगपयरलंबमाणमुत्तासमुज्जलं जलंतदिव्वदामं ईहावि(मि)गउसभतुरगनरमगरविहगवालगकिन्नररुरुसरभचमरसंसत्तकुंजरवणलयपउमलयभत्तिचित्तं गंधव्वोपवज्जमाणसंपुण्णघोसं निच्चं सजलघणविउलजलहरगज्जियसद्दाणुणाइणा देवदुंदुहिमहारवेणं सयलमवि जीवलोयं पूरयंतं, कालागुरुपवरकुंदुरुक्कतुरुक्कडज्झंतधूव[1]वासंगउत्तममघमघंतगंधुद्धुयाभिरामं निच्चालोयं सेयं सेयप्पभं सुरवराभिरामं पिच्छइ सा साओवभोगं वर[2]विमाणपुंडरीयं १२ ॥ ४४ ॥

तओ पुणो पुलगवेरिंदनीलसासगकक्केयणलोहियक्खमरगयमसारगल्लपवालफलिहसोगंधियहंसगब्भअंजणचंदप्पहवररयणेहिं महियलपइट्ठिअं गगणमंडलंतं पभासयंतं तुंगं मेरुगिरिसंनिकासं पिच्छइ सा रयणनिकररासिं १३ ॥ ४५ ॥

सिहिं च—सा विउलुज्जलपिंगलमहुघयपरिसिच्चमाणनिद्धूमधगधगाइयजलंतजालुज्जला-

---

१ धूवसारसंगयं (क० कि० वृत्तौ पाठान्तरम्)। २ विमाणवर सु० ।

भिरामं तरतमजोगजुत्तेहिं जालपयरेहिं अण्णुण्णामिव अणुप्पइण्णं पिच्छइ जालुज्जलणगं अंबरं व कत्थइ पयंतं अइवेगचंचलं सिहिं १४ ॥ ४६ ॥

स्वप्नेषु शिखी स्वप्ननिवेदनं

इमे एयारिसे सुभे सोमे पियदंसणे सुरूवे सुविणे दट्ठूण सयणमज्झे पडिबुद्धा अरविंदलोयणा हरिसपुलइअंगी ॥ एए चउदस सुमिणे, सव्वा पासेइ तित्थयरमाया । जं रयणिं वक्कमई, कुच्छिसि महायसो अरहा ॥ ४७ ॥ तए णं सा तिसला खत्तियाणी इमे एयारूवे उराले चउद्दस महासुविणे पासित्ता णं पडिबुद्धा समाणी हट्ठतुट्ठजावहियया धाराहयकयंबपुप्फगं पिव समूस्ससिअरोमकूवा सुविणुग्गहं करेइ, करित्ता सयणिज्जाओ अब्भुट्ठेइ, अब्भुट्ठित्ता पायपीढाओ पच्चोरुहइ, पच्चोरुहित्ता अतुरिअमचवलमसंभंताए अविलंबियाए रायहंससरिसीए गईए जेणेव सयणिज्जे जेणेव सिद्धत्थे खत्तिए तेणेव उवागच्छइ उवागच्छित्ता सिद्धत्थं खत्तिअं ताहिं इट्ठाहिं कंताहिं पियाहिं मणुन्नाहिं मणोरमाहिं उरालाहिं कल्लाणाहिं सिवाहिं धन्नाहिं मंगल्लाहिं सस्सिरीयाहिं हिययगमणिज्जाहिं हिययपल्हायणि-

ज्ञाहिं मिउमहुरमंजुलाहिं गिराहिं संलवमाणी २ पडिबोहेइ ॥ ४८ ॥ तए णं सा तिसला खत्तिआणी सिद्धत्थेणं रण्णा अब्भणुण्णाया समाणी नाणामणिकणगरयणभत्तिचित्तंसि भद्दासणंसि निसीयइ, निसीइत्ता आसत्था वीसत्था सुहासणवरगया सिद्धत्थं खत्तिअं ताहिं इट्ठाहिं जाव संलवमाणी २ एवं वयासी ॥ ४९ ॥ एवं खलु अहं सामी ! अज्ज तंसि तारिसगंसि सयणिज्जंसि वण्णओ जाव पडिबुद्धा, तंजहा—गयउसभ० गाहा । तं एएसिं सामी ! उरालाणं चउदसण्हं महासुमिणाणं के मन्ने कल्लाणे फलवित्तिविसेसे भविस्सइ ? ॥५०॥ तए णं से सिद्धत्थे राया तिसलाए खत्तिआणीए अंतिए एयमट्ठं सुच्चा निसम्म हट्ठतुट्ठचित्ते आणंदिए पीइमणे परमसोमणस्सिए हरिसवसविसप्पमाणहियए धाराहयनीवसुरभिकुसुमचंचुमालइयरोमकूवे ते सुमिणे ओगिण्हेइ, ते सुमिणे ओगिण्हित्ता ईहं अणुपविसइ, ईहं अणुपविसित्ता अप्पणो साहाविएणं मइपुव्वएणं बुद्धिविण्णाणेणं तेसिं सुमिणाणं अत्थुग्गहं करेइ, करित्ता तिसलं खत्तिआणिं ताहिं इट्ठाहिं जाव मंगल्लाहिं मियमहुरसस्सिरीयाहिं वग्गूहिं संलवमाणे

स्वप्ननिवेदनं

१ व प्र० । २ हट्ठतुट्ठ जाव हियए कि० सु० । ३ नास्ति प्रत्यंतरे० ।

सिद्धार्थ-राजोक्तं स्वप्नफलं

२ एवं वयासी ॥ ५१ ॥ उराला णं तुमे देवाणुप्पिए! सुमिणा दिट्ठा, कल्लाणा णं तुमे देवाणुप्पिए! सुमिणा दिट्ठा, एवं सिवा, धन्ना, मंगल्ला, सस्सिरीया, आरुग्ग-तुट्ठि-दीहाउ-कल्लाण-(ग्रं. ३००) मंगल्लकारगा णं तुमे देवाणुप्पिए! सुमिणा दिट्ठा, तंजहा-अत्थ-लाभो देवाणुप्पिए! भोगलाभो० पुत्तलाभो० सुक्खलाभो० रज्जलाभो०-एवं खलु तुमे देवा-णुप्पिए! नवण्हं मासाणं बहुपडिपुण्णाणं अद्धट्ठमाणं राइंदियाणं विइक्कंताणं अम्हं कुलकेउं, अम्हं कुलदीवं, कुलपव्वयं, कुलवडिंसयं, कुलतिलयं, कुलकित्तिकरं, कुलवित्तिकरं, कुलदि-णयरं, कुलाधारं, कुलनंदिकरं, कुलजसकरं, कुलपायवं, कुलविवद्धणकरं, सुकुमालपाणिपायं अहीणसंपुण्णपंचिंदियसरीरं लक्खणवंजणगुणोववेयं माणुम्माणप्पमाणपडिपुण्णसुजायसव्वं-गसुंदरंगं, ससिसोमाकारं, कंतं, पियदंसणं, सुरूवं दारयं पयाहिसि ॥ ५२ ॥ सेऽविअ णं दारए उम्मुक्कबालभावे विन्नायपरिणयमित्ते जुव्वणगमणुपत्ते सूरे वीरे विक्कंते विच्छिन्नविउलबलवाहणे रज्जवई राया भविस्सइ ॥५३॥ तं उराला णं तुमे देवाणुप्पिया! जाव दुच्चंपि तच्चंपि अणुवूहइ ॥

१ पडिपुण्ण सु० ।

स्वप्नानां प्रतीच्छा जागरणं च

तए णं सा तिसला खत्तियाणी सिद्धत्थस्स रण्णो अंतिए एयमट्ठं सुच्चा निसम्म हट्ठतुट्ठा जाव-हियया करयलपरिग्गहिअं (यं) दसनहं सिरसावत्तं मत्थए अंजलिं कट्टु एवं वयासी ॥५४॥

एवमेयं सामी! तहमेयं सामी! अवितहमेयं सामी! असंदिद्धमेयं सामी! इच्छिअमेअं सामी! पडिच्छिअमेयं सामी! इच्छिअपडिच्छिअमेयं सामी! सच्चे णं एसमट्ठे—से जहेयं तुब्भे वयह-त्तिकट्टु ते सुमिणे सम्मं पडिच्छइ, पडिच्छित्ता सिद्धत्थेणं रण्णा अब्भणुण्णाया समाणी नामामणिरयणभत्तिचित्ताओ[1] भद्दासणाओ अब्भुट्ठेइ, अब्भुट्ठेत्ता अतुरियमचवलमसंभंताए अविलंबिआए रायहंससरिसीए गईए जेणेव सए सयणिज्जे तेणेव उवागच्छइ, उवागच्छित्ता एवं वयासी ॥ ५५ ॥

मा मेते[2] उत्तमा पहाणा मंगल्ला सुमिणा दिट्ठा अन्नेहिं पावसुमिणेहिं पडिहम्मिस्संतित्तिकट्टु देवयगुरुजणसंबद्धाहिं पसत्थाहिं मंगल्लाहिं धम्मियाहिं लट्ठीहिं[3] कहाहिं सुमिणजागरिअं जागरमाणी पडिजागरमाणी विहरइ ॥ ५६ ॥

तए णं सिद्धत्थे खत्तिए पच्चूसकालसमयंसि कोडुंबिअपुरिसे सद्दावेइ, सद्दावित्ता एवं वयासी ॥ ५७ ॥–

---

१ मणिकणगरयण कि० । २ एएसु० । ३ नास्ति सु० ।

खिप्पामेव भो देवाणुप्पिआ! अज्ज सविसेसं बाहिरिअं उवट्ठाणसालं गंधोदयसित्तं सुइअ-संमज्जिओवलित्तं सुगंधवरपंचवण्णपुप्फोवयारकलिअं कालागुरुपवरकुंदुरुक्कतुरुक्कडज्झंतधूव-मघमघंतगंधुद्धुयाभिरामं सुगंधवरगंधियं गंधवट्टिभूअं करेह कारवेह, करित्ता कारवित्ता य सीहासणं रयावेह, रयावित्ता ममेयमाणत्तियं खिप्पामेव पच्चप्पिणह ॥ ५८ ॥ तए णं ते कोडुंबिअपुरिसा सिद्धत्थेणं रण्णा एवं वुत्ता समाणा हट्ठतुट्ठ जाव हियया करयल जाव कट्टु एवं सामित्ति आणाए विणएणं वयणं पडिसुणंति, पडिसुणित्ता सिद्धत्थस्स खत्तिअस्स अंतिआओ पडिनिक्खमंति, पडिनिक्खमित्ता जेणेव बाहिरिआ उवट्ठाणसाला तेणेव उवागच्छंति, तेणेव उवागच्छित्ता खिप्पामेव सविसेसं बाहिरियं उवट्ठाणसालं गंधोदगसित्तं जाव-सीहासणं रयाविंति, रयावित्ता जेणेव सिद्धत्थे खत्तिए तेणेव उवागच्छंति, उवागच्छित्ता करयलपरिग्गहियं दसनहं सिरसावत्तं मत्थए अंजलिं कट्टु सिद्धत्थस्स खत्तिअस्स तमाणत्तिअं पच्चप्पिणंति ॥ ५९ ॥ तए णं सिद्धत्थे खत्तिए कल्लं पाउप्पभायाए रयणीए फुल्लु-

१ नास्ति मु० कि० । २ त्तं सुइं मु० सित्तसुइअ कि० ।

प्पलकमलकोमलुम्मीलियंमि अहापंडुरे पभाए, रत्तासोगप्पगासकिंसुअसुअमुहगुंजद्धरागबंधुजीवगपारावयचलणनयणपरहुअसुरत्तलोअणजासुअणकुसुमरासिहिंगुलनिअरातिरेअरेहंतसरिसे कमलायरसंडबोहए उट्ठिअंमि सूरे सहस्सरस्सिंमि दिणयरे तेअसा जलंते, तस्स य करपहरापरद्धंमि अंधयारे बालायवकुंकुमेणं खचिअव्व जीवलोए, सयणिज्जाओ अब्भुट्ठेइ ॥ ६० ॥ अब्भुट्ठित्ता पायपीढाओ पच्चोरुहइ, पच्चोरुहित्ता जेणेव अट्टणसाला तेणेव उवागच्छइ, उवागच्छित्ता अट्टणसालं अणुपविसइ, अणुपविसित्ता अणेग-

मल्लयुद्धं.

शय्याया अभ्युत्थानं

मल्लयुद्धं सवाहनं स्नानं च

वायामजोगवग्गणवामद्दणमल्लजुद्धकरणेहिं संते परिसंते सयपागसहस्सपागेहिं सुगंधवर-तिल्लमाइएहिं पीणणिज्जेहिं दीवणिज्जेहिं मयणिज्जेहिं विंहणिज्जेहिं दप्पणिज्जेहिं सर्व्विदियगा-यपल्हायणिज्जेहिं अब्भंगिए समाणे तिल्लचम्मंसि निउणेहिं पडिपुण्णपाणिपायसुकुमाल-कोमलतलेहिं अब्भंगणपरिमद्दणुव्वलणकरणगुणनिम्माएहिं छेएहिं दक्खेहिं पट्ठेहिं कुस-लेहिं मेहावीहिं जिअपरिस्समेहिं पुरिसेहिं अट्ठिसुहाए मंससुहाए तयासुहाए रोमसुहाए चउव्विहाए सुहपरिकम्मणाए संवाहणाए संवाहिए समाणे अवगयपरिस्समे अट्टणसा-लाओ पडिनिक्खमइ ॥ ६१ ॥ पडिनिक्खमित्ता जेणेव मज्जणघरे तेणेव उवागच्छइ, उवागच्छित्ता मज्जणघरं अणुपविसइ, अणुपविसित्ता समुत्तजालाकुलाभिरामे विचित्तम-णिरयणकुट्टिमतले रमणिज्जे ण्हाणमंडवंसि नाणामणिरयणभत्तिचित्तंसि ण्हाणपीढंसि सुह-निसण्णे पुप्फोदएहि अ गंधोदएहि अ उण्होदएहि अ सुहोदएहि अ सुद्धोदएहि अ कल्लाणकरणपवरमज्जणविहीए मज्जिए, तत्थ कोउअसएहिं बहुविहेहिं कल्लाणगपवरम-

१ खेयपरिस्समे।

ज्ञणावसाणे पम्हलसुकुमालगंधकासाइअलूहिअंगे अहंयसुमहग्घदूसरयणसुसंवुडे सरससुर- अलंका- रादि
भिगोसीसचंदणाणुलित्तगत्ते सुइमालावण्णगविलेवणे आविद्धमणिसुवण्णे कप्पियहारद्धहार-
तिसरयपालंबपलंबमाणकडिसुत्तसुकयसोभे पिणद्धगेविज्जे अंगुलिज्जगललियकयाभरणे वरक-
डगतुडिअथंभिअभुए अहिअरूवसस्सिरीए कुंडलउज्जोइआणणे मउडदित्तसिरए हारोत्थय-
सुकयरइअवच्छे मुद्दिआपिंगलंगुलीए पालंबपलंबमाणसुकयपडउत्तरिज्जे नाणामणिकणग[2]रय-
णविमलमहरिहनिउणोवचिअमिसिमिसिंतविरइअसुसिलिट्ठविसिट्ठलट्ठआविद्धवीरवलए, किं
वहुणा !, कप्परुक्खए विव अलंकिअविभूसिए नरिंदे, सकोरिंटमल्लदामेणं छत्तेणं धरिज्जमाणे[3]णं
सेअवरचामराहिं उद्धुव्वमाणीहिं मंगलजय[4]सद्दकयालोए अणेगगणनायगदंडनायगराईसरतल-
वरमाडंविअकोडुंबिअमंतिमहामंतिगणगदोवारियअमच्चचेडपीढमद्दनगरनिगमसिट्ठिसेणावइ-
सत्थवाहदूअसंधिवालसद्धिं संपरिवुडे धवलमहामेहनिग्गए इव गहगणदिप्पंतरिक्खतारागं-

---

१ नासानीसासवायवोज्झचक्खुहरवण्णफरिसजुत्तहयलालापेलवाइरेगधवलकणगखचिअंतकम्मदूसरयणसुसंवुए (क० कि०)।
२ रयणकणग कि०। ३ एगावलिपिणद्धे इत्यादि क० कि०। ४ जयजय कि० सु०।

णाण मज्झे ससिव्व पिअदंसणे नरवई नरिंदे नरवसहे नरसीहे अब्भहिअरायतेअलच्छीए दिप्पमाणे मज्जणघराओ पडिनिक्खमइ ॥ ६२ ॥ मज्जणघराओ पडिनिक्खमित्ता जेणेव बाहिरिआ उवट्ठाणसाला तेणेव उवागच्छइ, उवागच्छित्ता सीहासणंसि पुरत्थाभिमुहे निसीअइ, निसीइत्ता अप्पणो उत्तरपुरच्छिमे[1] दिसीभाए अट्ठ भद्दासणाइं सेअवत्थपच्चुत्थुयाइं सिद्धत्थयकयमंगलोवयाराइं रयावेइ, रयावित्ता अप्पणो अदूरसामंते नाणामणिरयणमंडिअं अहिअपिच्छणिज्जं महग्घवरपट्टणुग्गयं सण्हपट्टभत्तिसयचित्तताणं ईहामिअउसभतुरगनरमगरविहगवालगकिन्नररुरुसरभचमरकुंजरवणलयपउमलयभत्तिचित्तं अब्भिंतरिअं जवणिअं अंछावेइ, अंछावेत्ता नाणामणिरयणभत्तिचित्तं अत्थरयमिउमसूरगुत्थयं सेअवत्थपच्चुत्थुअं सुमउअं अंगसुहफरिसं[2] विसिट्ठं तिसलाए खत्तिआणीए भद्दासणं रयावेइ ॥ ६३ ॥ रयावित्ता कोडुंबिअपुरिसे सद्दावेइ, सद्दावेत्ता एवं वयासी ॥ ६४ ॥—खिप्पामेव भो देवाणुप्पिआ! अट्ठंगमहानिमित्तसुत्तत्थधारए विविहसत्थकुसले सुविणलक्खणपाढए सद्दावेह ॥ तए णं ते

भद्रासन-रचना

१ पुरत्थिमे (क० कि०) । २ सगं कि० सु० ।

स्वप्नपाठ-
कामन्त्रणं

कोडुंबिअपुरिसा सिद्धत्थेणं रण्णा एवं वुत्ता समाणा हट्ठतुट्ठ जाव-हियया करयल जाव पडिसुणंति ॥ ६५ ॥ पडिसुणित्ता सिद्धत्थस्स खत्तियस्स अंतिआओ पडिनिक्खमंति, पडिनिक्खमित्ता कुंडपुरं नगरं मज्झंमज्झेणं जेणेव सुविणलक्खणपाढगाणं गेहाइं तेणेव उवागच्छंति, उवागच्छित्ता सुविणलक्खणपाढए सद्दाविंति ॥ ६६ ॥ तए णं ते सुविणलक्खणपाढया सिद्धत्थस्स खत्तिअस्स कोडुंबिअपुरिसेहिं सद्दाविआ समाणा हट्ठतुट्ठ जाव हयाहियया ण्हाया कयवलिकम्मा कयकोउअमंगलपायच्छित्ता सुद्धप्पावे-

१ कुंडग्गामं (क० कि० क० सु०)।

स्वप्नपाठकाः

साइं मंगल्लाइं वत्थाइं पवराइं परिहिआ अप्पमहग्घाभरणालंकियसरीरा सिद्धत्थयहरिआलिआकयमंगलमुद्धाणा सएहिं २ गेहेहिंतो निग्गच्छंति, निग्गच्छित्ता खत्तियकुंडग्गामं नगरं मज्झंमज्झेणं जेणेव सिद्धत्थस्स रण्णो भवणवरवडिंसगपडिदुवारे तेणेव उवागच्छंति, उवागच्छित्ता भवणवरवडिंसगपडिदुवारे एगयओ मिलंति, मिलित्ता जेणेव बाहिरिआ उवट्ठाणसाला जेणेव सिद्धत्थे खत्तिए तेणेव उवागच्छंति, उवागच्छित्ता करयलपरिग्गहिअं जाव कट्टु सिद्धत्थं खत्तिअं जएणं विजएणं वद्धाविंति ॥ ६७ ॥ तए णं ते सुविणलक्खणपाढगा सिद्धत्थेणं रण्णा वंदियपूइअसक्कारिअसम्माणिआ समाणा पत्तेअं २ पुव्वन्नत्थेसु भद्दासणेसु निसीयंति ॥ ६८ ॥ तए णं सिद्धत्थे खत्तिए तिसलं खत्तियाणिं जवणिअंतरियं ठावेइ, ठावित्ता पुप्फफलपडिपुण्णहत्थे परेणं विणएणं ते सुविणलक्खणपाढए एवं वयासी ॥ ६९ ॥—एवं खलु देवाणुप्पिया ! अज्ज तिसला खत्तियाणी तंसि तारिसगंसि जाव सुत्तजागरा ओहीरमाणी २ इमे एयारूवे उराले चउद्दस महासुमिणे

१ अच्चिअवंदिअमाणिअपूइआ (क० कि०) ।

स्वप्नफलं

पासित्ता णं पडिबुद्धा ॥ ७० ॥ तंजहा–गयवसह० गाहा, तं एएसिं चउद्दसण्हं महासुमिणाणं देवाणुप्पिया ! उरालाणं के मन्ने कल्लाणे फलवित्तिविसेसे भविस्सइ ? ॥ ७१ ॥ तए णं ते सुमिणलक्खणपाढगा सिद्धत्थस्स खत्तियस्स अंतिए एयमट्ठं सोच्चा निसम्म हट्ठतुट्ठ जाव हयहियया ते सुमिणे ओगिण्हंति, ओगिण्हित्ता ईहं अणुपविसंति, अणुपविसित्ता अन्न-मन्नेणं सद्धिं संचालेंति[2], संचालित्ता तेसिं सुमिणाणं लद्धट्ठा गहिअट्ठा पुच्छिअट्ठा विणिच्छि-यट्ठा अभिगयट्ठा सिद्धत्थस्स रण्णो पुरओ सुमिणसत्थाइं उच्चारेमाणा २ सिद्धत्थं खत्तियं एवं वयासी ॥ ७२ ॥–एवं खलु देवाणुप्पिया ! अम्हं सुमिणसत्थे बायालीसं सुमिणा तीसं महासुमिणा बावत्तरिं सव्वसुमिणा दिट्ठा, तत्थ णं देवाणुप्पिया ! अरहंतमायरो वा चक्कव-ट्टिमायरो वा अरहंतंसि (ग्रं० ४००) वा चक्कहरंसि वा गब्भं वक्कममाणंसि एएसिं तीसाए महासुमिणाणं इमे चउद्दस महासुमिणे पासित्ताणं पडिबुज्झंति ॥ ७३ ॥ तंजहा–गयव-सह० गाहा, ॥ ७४ ॥ वासुदेवमायरो वा वासुदेवंसि गब्भं वक्कममाणंसि एएसिं चउद्दसण्हं

१ सम्मं ओगि० मु० । २ संलावेंति (क० कि०) ।

महासुमिणाणं अन्नयरे सत्त महासुमिणे पासित्ताणं पडिवुज्झंति ॥ ७५ ॥ वलदेवमायरो वा वलदेवंसि गब्भं वक्कममाणंसि एएसिं चउद्दसण्हं महासुमिणाणं अन्नयरे चत्तारि महासुमिणे पासित्ताणं पडिवुज्झंति ॥ ७६ ॥ मंडलियमायरो वा मंडलियंसि गब्भं वक्कममाणंसि एएसिं चउद्दसण्हं महासुमिणाणं अन्नयरं एगं महासुमिणं पासित्ताणं पडिवुज्झंति ॥ ७७ ॥ इमे य णं देवाणुप्पिया ! तिसलाए खत्तिआणीए चोद्दस महासुमिणा दिट्ठा, तं उराला णं देवाणुप्पिया ! तिसलाए खत्तियाणीए सुमिणा दिट्ठा, जाव मंगल्लकारगा णं देवाणुप्पिआ ! तिसलाए खत्तिआणीए सुमिणा दिट्ठा, तंजहा—अत्थलाभो देवाणुप्पिया !, भोगलाभो०, पुत्तलाभो०, सुक्खलाभो देवाणुप्पिया !, रज्जलाभो देवाणु०, एवं खलु देवाणुप्पिया ! तिसला खत्तियाणी नवण्हं मासाणं बहुपडिपुण्णाणं अद्धट्ठमाणं राइंदिआणं वइक्कंताणं तुम्हं कुलकेउं कुलदीवं कुलपव्वयं कुलवडिंसगं कुलतिलयं कुलकित्तिकरं कुलवित्तिकरं कुलदिणयरं कुलाहारं कुलनंदिकरं कुलजसकरं कुलपायवं कुलतन्तुसंताणविवद्धणकरं

सुकुमालपाणिपायं अहीणपडिपुण्णपंचिंदियसरीरं लक्खणवंजणगुणोववेअं माणुम्माणपमाण-पडिपुण्णसुजायसव्वंगसुंदरंगं ससिसोमाकारं कंतं पियदंसणं सुरूवं दारयं पयाहिसि ॥ ७८ ॥ सेऽवि य णं दारए उम्मुक्कबालभावे विन्नायपरिणयमित्ते जुव्वणगमणुपत्ते सूरे वीरे विक्कंते विच्छिन्नविपुलबलवाहणे चाउरंतचक्कवट्टी रज्जवई राया भविस्सइ, जिणे वा तिलोगनायगे धम्मवरचाउरंतचक्कवट्टी ॥ ७९ ॥ तं उराला णं देवाणुप्पिया ! तिसलाए खत्तियाणीए सुमिणा दिट्ठा, जाव आरुग्गतुट्ठिदीहाउकल्लाणमंगल्लकारगा णं देवाणुप्पिआ ! तिसलाए खत्ति-याणीए सुमिणा दिट्ठा ॥८०॥ तए णं सिद्धत्थे राया तेसिं सुमिणलक्खणपाढगाणं अंतिए एय-मट्ठं सोच्चा निसम्म हट्ठे तुट्ठे चित्तमाणंदिते पीयमणे परमसोमणस्सिए हरिसवसविसप्पमाणहि-अए करयल जाव ते सुमिणलक्खणपाढगे एवं वयासी ॥ ८१ ॥—एवमेयं देवाणुप्पिया !, तहमेयं देवाणुप्पिया !, अवितहमेयं देवाणुप्पिया !, इच्छियमेयं०, पडिच्छियमेयं०, इच्छिय-पडिच्छियमेयं देवाणुप्पिया !, सच्चे णं एसमट्ठे से जहेयं तुब्भे वयहत्तिकट्टु ते सुमिणे

१ तेलुक्क सु० कि० ।

सम्मं पडिच्छइ, पडिच्छित्ता ते सुविणलक्खणपाढए विउलेणं असणेणं पुप्फवत्थगंधमल्ला-लंकारेणं सक्कारेइ सम्माणेइ, सक्कारित्ता सम्माणित्ता विउलं जीवियारिहं पीइदाणं दलयइ, दलइत्ता पडिविसज्जेइ ॥ ८२ ॥ तए णं से सिद्धत्थे खत्तिए सीहासणाओ अब्भुट्ठेइ, अब्भुट्ठित्ता जेणेव तिसला खत्तियाणी जवणिअंतरिया तेणेव उवागच्छइ, उवागच्छित्ता तिसलं खत्तियाणिं एवं वयासी ॥ ८३ ॥—एवं खलु देवाणुप्पिया ! सुमिणसत्थंसि बायालीसं सुमिणा तीसं महासुमिणा जाव एगं महासुमिणं पासित्ता णं पडिबुज्झंति ॥ ८४ ॥ इमे अ णं तुमे देवाणुप्पिए ! चउद्दस महासुमिणा दिट्ठा, तं उराला णं तुमे जाव जिणे वा तेलुक्कनायगे धम्मवरचाउरंतचक्कवट्टी ॥ ८५ ॥ तए णं सा तिसला खत्तिआणी एअमट्ठं सुच्चा निसम्म हट्ठतुट्ठ जाव हयहिअया करयल जाव ते सुमिणे सम्मं पडिच्छइ ॥ ८६ ॥ पडिच्छित्ता सिद्धत्थेणं रण्णा अब्भणुन्नाया समाणी नाणामणिरयणभत्तिचित्ताओ भद्दासणाओ अब्भुट्ठेइ, अब्भुट्ठित्ता अतुरिअं अचवलं असंभंताए अविलंबिआए रायहंससरिसीए गईए

निधान-संहरणं

जेणेव सए भवणे तेणेव उवागच्छइ, उवागच्छित्ता सयं भवणं अणुपविट्ठा ॥ ८७ ॥ जप्पभिइं च णं समणे भगवं महावीरे तंसि नायकुलंसि साहरिए तप्पभिइं च णं बहवे वेसमणकुंडधारिणो तिरियजंभगा देवा सक्कवयणेणं से जाइं इमाइं पुरापोराणाइं महानिहाणाइं भवंति, तंजहा—पहीणसामिआइं पहीणसेउआइं पहीणगुत्तागाराइं, उच्छिन्नसामिआइं उच्छिन्नसेउआइं उच्छिन्नगुत्तागाराइं, गामागरनगरखेडकव्वडमडंवदोणमुहपट्टणासमसंवाहसन्निवेसेसु सिंघाडएसु वा तिएसु वा चउक्केसु वा चच्चरेसु वा चउम्मुहेसु वा महापहेसु वा गामट्ठाणेसु वा नगरट्ठाणेसु वा गामणिद्धमणेसु वा नगरनिद्धमणेसु वा आवणेसु वा देवकुलेसु वा सभासु वा पवासु वा आरामेसु वा उज्जाणेसु वा वणेसु वा वणसंडेसु वा सुसाणसुन्नागारगिरिकंदरसंतिसेलोवट्ठाणभवणगिहेसु वा सन्निक्खित्ताइं चिट्ठंति ताइं सिद्धत्थरायभवणंसि साहरंति ॥ ८८ ॥ जं रयणिं च णं समणे भगवं महावीरे नायकुलंसि साहरिए तं रयणिं च णं नायकुलं हिरण्णेणं वड्ढित्था सुवण्णेणं वड्ढित्था धणेणं

१ राय० कि० सु० ।

नामकरण-संकल्पः

धन्नेणं रज्जेणं रट्ठेणं बलेणं वाहणेणं कोसेणं कोट्ठागारेणं पुरेणं अंतेउरेणं जणवएणं जसवाएणं वड्ढित्था, विपुलधणकणगरयणमणिमोत्तियसंखसिलप्पवालरत्तरयणमाइएणं संतसारसावइज्जेणं पीइसक्कारसमुदएणं अईव २ अभिवड्ढित्था, तए णं समणस्स भगवओ महावीरस्स अम्मापिऊणं अयमेयारूवे अब्भत्थिए चिंतिए पत्थिए मणोगए संकप्पे समुप्पज्जित्था ॥ ८९ ॥—जप्पभिइं च णं अम्हं एस दारए कुच्छिंसि गब्भत्ताए वक्कंते तप्पभिइं च णं अम्हे हिरण्णेणं वड्ढामो सुवण्णेणं धणेणं धन्नेणं रज्जेणं रट्ठेणं बलेणं वाहणेणं कोसेणं कुट्ठागारेणं पुरेणं अंतेउरेणं जणवएणं जसवाएणं वड्ढामो, विपुलधणकणगरयणमणिमुत्तियसंखसिलप्पवालरत्तरयणमाइएणं संतसारसावइज्जेणं पीइसक्कारेणं अईव २ अभिवड्ढामो, तं जया णं अम्हं एस दारए जाए भविस्सइ तया णं अम्हे एयस्स दारगस्स एयाणुरूवं गुण्णं गुणनिप्फन्नं नामधिज्जं करिस्सामो—वद्धमाणुत्ति ॥ ९० ॥ तए णं समणे भगवं महावीरे माउअणुकंपणट्ठाए निचले निप्फंदे निरेयणे अल्लीणपलीणगुत्ते आवि होत्था ॥ ९१ ॥ तए णं

गर्भहरणादिचिन्ताऽभिग्रहश्च

तीसे तिसलाए खत्तियाणीए अयमेयारूवे जाव संकप्पे समुप्पज्जित्था—हडे मे से गब्भे, मडे मे से गब्भे, चुए मे से गब्भे, गलिए मे से गब्भे, एस मे गब्भे पुव्विं एयइ, इयाणिं नो एयइत्तिकट्टु ओहयमणसंकप्पा चिंतासोगसागरसंपविट्ठा करयलपल्हत्थमुही अट्टज्झाणोवगया भूमीगयदिट्ठिया झियायइ, तंपि य सिद्धत्थरायवरभवणं उवरयमुइंगतंती-तलतालनाडइज्जजणमणुज्जं दीणविमणं विहरइ ॥ ९२ ॥ तए णं से समणे भगवं महावीरे माऊए अयमेयारूवं अब्भत्थिअं पत्थिअं मणोगयं संकप्पं समुप्पन्नं वियाणित्ता एगदेसेणं एयइ, तए णं सा तिसला खत्तियाणी हट्ठतुट्ठा जाव हयहिअया एवं वयासी ॥ ९३ ॥—नो खलु मे गब्भे हडे जाव नो गलिए, मे गब्भे पुव्विं नो एयइ, इयाणिं एयइत्तिकट्टु हट्ठ जाव एवं विहरइ, तए णं समणे भगवं महावीरे गब्भत्थे चेव इमेयारूवं अभिग्गहं अभि-गिण्हइ—नो खलु मे कप्पइ अम्मापिऊहिं जीवंतेहिं मुंडे भवित्ता अगाराओ अणगारिअं पव्वइत्तए ॥ ९४ ॥ तए णं सा तिसला खत्तियाणी ण्हाया कयबलिकम्मा कयकोउयमंगल-

१ ग्रं सु० ।

गर्भपोषणं

पायच्छित्ता सव्वालंकारविभूसिया तं गब्भं नाइसीएहिं नाइउण्हेहिं नाइतित्तेहिं नाइकडुएहिं नाइकसाइएहिं नाइअंबिलेहिं नाइमहुरेहिं नाइनिद्धेहिं नाइलुक्खेहिं नाइउल्लेहिं नाइसुक्केहिं सव्वत्तुगभयमाणसुहेहिं भोयणच्छायणगंधमल्लेहिं ववगयरोगसोगमोहभयपरिस्समा जं तस्स गब्भस्स हिअं मियं पत्थं गब्भपोसणं तं देसे अ काले अ आहारमाहारेमाणी विवित्तमउएहिं सयणासणेहिं पइरिक्कसुहाए मणोऽणुकूलाए विहारभूमीए पसत्थदोहला संपुण्णदोहला संमाणियदोहला अविमाणिअदोहला वुच्छिन्नदोहला ववणीअदोहला सुहंसुहेणं आसइ सयइ चिट्ठइ निसीअइ तुयट्टइ विहरइ सुहंसुहेणं तं गब्भं परिवहइ ॥ ९५ ॥ तेणं कालेणं तेणं समएणं समणे भगवं महावीरे जेसे गिम्हाणं पढमे मासे दुच्चे पक्खे चित्तसुद्धे तस्स णं चित्तसुद्धस्स तेरसीदिवसे णं नवण्हं मासाणं बहुपडिपुण्णाणं अद्धट्ठमाणं राइंदियाणं विइक्कंताणं उच्चट्ठाणगएसु गहेसु पढमे चंदजोगे सोमासु दिसासु वितिमिरासु विसुद्धासु जइएसु सव्वसउणेसु पयाहिणाणुकूलंसि भूमिसप्पंसि मारुयंसि पवायंसि निप्फन्नमेइणीयंसि कालंसि

१ जाव (क० कि०)।

पमुइयपक्कीलिएसु जणवएसु पुव्वरत्तावरत्तकालसमयंसि हत्थुत्तराहिं नक्खत्तेणं चंदेणं जोगमुवागएणं आरुग्गा आरुग्गं दारयं पयाया ॥ ९६ ॥ जं रयणिं च णं समणे भगवं महावीरे जाए सा णं रयणी बहूहिं देवेहिं देवीहि य ओवयंतेहिं उप्पयंतेहि य उप्पिंजलमाणभूआ कहकहगभूआ आविहुत्था ॥ ९७ ॥ जं रयणिं च णं समणे भगवं महावीरे जाए तं रयणिं च णं बहवे वेसमणकुंडधारी तिरियजंभगा देवा सिद्धत्थरायभवणंसि हिरण्णवासं च सुवण्णवासं च वयरवासं च वत्थवासं च

जन्मकल्याणके देवागमः

महावीरजन्म.

१ रोग्गारोग्गं (कि. सु.)। २ लमाला० (क० कि०)। ३ देवुज्जोए एगालोए देवसन्निवाए उप्पिंजल० (क० कि०)।

महावीरजन्माभिषेकः

जन्ममहे वृष्टिः अभिषेकश्च

आभरणवासं च पत्तवासं च पुप्फवासं च फल-
वासं च बीअवासं च मल्लवासं च गंधवासं च
चुण्णवासं च वण्णवासं च वसुहारवासं च
वासिंसु ॥ ९८ ॥ तेए णं से सिद्धत्थे खत्तिए
भवणवइवाणमंतरजोइसवेमाणिएहिं देवेहिं
तित्थयरजम्मणाभिसेयमहिमाए कयाए समा-
णीए पच्चूसकालसमयंसि नगरगुत्तिए सद्दावेइ
सद्दावित्ता एवं वयासी ॥ ९९ ॥—खिप्पामेव
भो देवाणुप्पिया ! कुंडपुरे नगरे चारगसोहणं

---

१ धण्णवासं च (क० कि०)। २ पिअट्ठयाए पिअं निवेएमो, पिअं भे भवउ, मउडवज्जं जहामालिअं ओमयं मत्थए धोअइ (क० कि०)। ३ खत्तियकुंडग्गामे (सु०) कुंडग्गामे (कि०)।

राजकृतो जन्ममहः

करेह, करित्ता माणुम्माणवद्धणं करेह, माणुम्माणवद्धणं कारित्ता कुंडपुरं नगरं सब्भिंतरवा-
हिरियं आसियसम्मज्जिओवलित्तं संघाडगतिगचउक्कचच्चरचउम्मुहमहापहपहेसु सित्तसुइसं-
मट्ठरत्थंतरावणवीहियं मंचाइमंचकलिअं नाणाविहरागभूसिअज्झयपडागमंडिअं लाउल्लोइय-
महिअं गोसीससरसरत्तचंदणदद्दरदिन्नपंचंगुलितलं उवचियचंदणकलसं चंदणघडसुकयतो-
रणपडिदुवारदेसभागं आसत्तोसत्तविपुलवट्टवग्घारियमल्लदामकलावं पंचवण्णसरससुरभिमु-
क्कपुप्फपुंजोवयारकलिअं कालागुरुपवरकुंदुरुक्कतुरुक्कडज्झंतधूवमघमघंतगंधुद्धूआभिरामं सुगं-
धवरगंधिअं गंधवट्टिभूअं नडनट्टगजल्लमल्लमुट्ठियवेलंबगकहगपाढगलासग[2]आरक्खगलंख-
मंखतूणइल्लतुंबवीणियअणेगतालायराणुचरिअं करेह कारवेह, करित्ता कारवेत्ता य जूअ-
सहस्सं मुसलसहस्सं च उस्सवेह, उस्सवित्ता मम एयमाणत्तियं पच्चप्पिणेह ॥१००॥ तए
णं ते कोडुंबियपुरिसा सिद्धत्थेणं रण्णा एवं वुत्ता समाणा हट्ठा जाव हिअया करयलजावप-
डिसुणित्ता खिप्पामेव कुंडपुरे नगरे चारगसोहणं जाव उस्सवित्ता जेणेव सिद्धत्थे राया

१ पयग॰ (क॰ कि॰)। २ आइक्खग॰ (क॰ कि॰)।

महावीरजन्मवर्धापनिका.

(खत्तिए) तेणेव उवागच्छंति, उवागच्छित्ता करयल जाव कट्टु सिद्धत्थस्स खत्तियस्स रण्णो एयमाणत्तियं पच्चप्पिणंति ॥१०१॥

तए णं से सिद्धत्थे राया जेणेव अट्टणसाला तेणेव उवागच्छइ, उवागच्छित्ता जाव सव्वोरोहेणं सव्वपुप्फगंधवत्थमल्लालंकारविभूसाए सव्वतुडिअसद्दनिनाएणं महया इड्ढीए महया जुईए महया बलेणं महया वाहणेणं महया समुदएणं महया वरतुडिअजमगसमगपवाइएणं संखपणवभेरिझल्लरिखरमुहिहुडुक्कमुरजमुइंगदुंदुहिनिग्घोसनाइयरवेणं

जन्मनि दानला- भौ ज्ञाति- भोजनं

उस्सुक्कं उक्करं उक्किट्ठं अदिज्जं अमिज्जं अभडप्पवेसं अदंडकोदंडिमं अधरिमं गणिआवरनाडइज्जकलियं अणेगतालायराणुचरिअं अणुद्धुअमुइंगं (ग्रं. ५००) अमिलायमल्लदामं पमुइअपक्कीलियसपुरजणजाणवयं दसदिवसं ठिइवडियं करेइ ॥ १०२ ॥ तए णं से सिद्धत्थे राया दसाहियाए ठिइवडियाए वट्टमाणीए सइए य साहस्सिए य सयसाहस्सिए य जाए य दाए य भाए अ दलमाणे अ दवावेमाणे अ, सइए अ साहस्सिए अ सयसाहस्सिए य लंभे पडिच्छमाणे य पडिच्छावेमाणे य एवं विहरइ ॥ १०३ ॥ तए णं समणस्स भगवओ महावीरस्स अम्मापियरो पढमे दिवसे ठिइवडियं करिंति, तइए दिवसे चंदसूरदंसणिअं करिंति, छट्ठे दिवसे धम्मजागरियं करिंति, इक्कारसमे दिवसे विइक्कंते निव्वत्तिए असुइजम्मकम्मकरणे, संपत्ते बारसाहे दिवसे, विउलं असणपाणखाइमसाइमं उवक्खडाविंति, उवक्खडावित्ता मित्तनाइनियगसयणसंबंधिपरिजणं नाए य खत्तिए अ आमंतेइ, आमंतित्ता तओ पच्छा ण्हाया कयबलिकम्मा कयकोउयमंगलपायच्छित्ता सुद्धप्पावेसाइं मंग-

१ अधरिमं (क०कि०)। २ अगणिअवरनाडइज्जकलिअं (क०कि०)। ३ जणाभिरामं (क०कि०)। ४ जागरिंति (क०कि० क०सु०)।

संकल्प कथनं

ल्लाइं पवराइं वत्थाइं परिहिया अप्पमहग्घाभरणालंकियसरीरा भोअणवेलाए भोअणमंडवंसि सुहासणवरगया तेणं मित्तनाइनियगसंबंधिपरिजणेणं नायएहिं खत्तिएहिं सद्धिं तं विउलं असणपाणखाइमसाइमं आसाएमाणा विसाएमाणा परिभुंजेमाणा परिभाएमाणा एवं वा विहरंति ॥ १०४ ॥ जिमिअभुत्तुत्तरागयाऽवि अ णं समाणा आयंता चोक्खा परमसुइभूआ तं मित्तनाइनियगसयणसंबंधिपरिजणं नायए खत्तिए य विउलेणं पुप्फवत्थगंधमल्लालंकारेणं सक्कारिंति संमाणिंति सक्कारित्ता संमाणित्ता तस्सेव मित्तनाइनियगसयणसंबंधिपरियणस्स नायाणं खत्तिआण य पुरओ एवं वयासी ॥ १०५ ॥—पुव्विंपि णं देवाणुप्पिया ! अम्हं एयंसि दारगंसि गब्भं वक्कंतंसि समाणंसि इमे एयारूवे अब्भत्थिए चिंतिए जाव समुप्पज्जित्था—जप्पभिइं च णं अम्हं एस दारए कुच्छिसि गब्भत्ताए वक्कंते तप्पभिइं च णं अम्हे हिरण्णेणं वड्ढामो सुवण्णेणं धणेणं धन्नेणं रज्जेणं जाव सावइज्जेणं पीइसक्कारेणं अईव २ अभिवड्ढामो, सामंतरायाणो वसमागया य ॥ १०६ ॥ तं जया णं अम्हं एस दारए जाए भविस्सइ तया णं

अम्हे एयस्स दारगस्स इमं एयाणुरूवं गुण्णं गुणनि-
प्फन्नं नामधिज्जं करिस्सामो वद्धमाणुत्ति, ता अज्ज
अम्ह मणोरहसंपत्ती जाया, तं होउ णं अम्हं कुमारे
वद्धमाणे नामेणं ॥ १०७ ॥ समणे भगवं महावीरे
कासवगुत्ते णं, तस्स णं तओ नामधिज्जा एवमाहि-
ज्जंति, तंजहा—अम्मापिउसंतिए वद्धमाणे, सहसं-
मुइआए समणे, अयले भयभेरवाणं परीसहोवस-
ग्गाणं खंतिखमे पडिमाण पालगे धीमं अरइरइसहे
दविए वीरिअसंपन्ने देवेहिं से नामं कयं 'समणे
भगवं महावीरे' ॥ १०८ ॥ समणस्स णं भगवओ
महावीरस्स पिआ कासवगुत्ते णं, तस्स णं तओ

आमलकीक्रीडा.

वर्धमान-
नाम महा-
वीरनाम च

पाठशालानयनं.

नामधिज्जा एवमाहिज्जंति, तंजहा–सिद्धत्थे इ वा, सिज्जंसे इ वा, जसंसे इ वा ॥ समणस्स णं भगवओ महावीरस्स माया वासिट्ठी गुत्तेणं, तीसे तओ नामधिज्जा एवमाहिज्जंति, तंजहा–तिसला इ वा, विदेहदिन्ना इ वा, पीइकारिणी इ वा ॥ समणस्स णं भगवओ महावीरस्स पितिज्जे सुपासे, जिट्ठे भाया नंदिवद्धणे, भगिणी सुदंसणा, भारिया जसोआ कोडिन्ना गुत्तेणं ॥ समणस्स णं भगवओ महावीरस्स धूआ कासवी गुत्तेणं, तीसे दो नामधिज्जा एवमाहिज्जंति, तंजहा–अणोज्जा इ वा, पियदंसणा इ वा ॥ समणस्स णं भगवओ महावी-

लोकान्तिकागमः प्रोत्साहनं च

रस्स नत्तुई कोसिअ (कासव) गुत्तेणं, तीसे णं दुवे नामधिज्जा एवमाहिज्जंति, तंजहा—सेसवई इ वा, जसवई इ वा ॥ १०९ ॥ समणे भगवं महावीरे दक्खे दक्खपइन्ने पडिरूवे आलीणे भद्दए विणीए नाए नायपुत्ते नायकुलचंदे विदेहे विदेहदिन्ने विदेहजच्चे विदेहसूमाले तीसं वासाइं विदेहंसि कट्टु अम्मापिऊहिं देवत्तगएहिं गुरुमहत्तरएहिं अब्भणुन्नाए समत्तपइन्ने पुणरवि लोगंतिएहिं जीअकप्पिएहिं देवेहिं ताहिं इट्ठाहिं कंताहिं पिआहिं मणुन्नाहिं मणामाहिं उरालाहिं कल्लाणाहिं सिवाहिं धन्नाहिं मंगल्लाहिं मिअमहुरसस्सिरीआहिं हिययगमणिज्जाहिं हिययपल्हायणिज्जाहिं गंभीराहिं अपुणरुत्ताहिं वग्गूहिं अणवरयं अभिनंदमाणा य अभिथुवमाणा य एवं वयासी ॥ ११० ॥—"जय २ नंदा !, जय २ भद्दा !, भद्दं ते, जय २ खत्तिअवरवसहा !, बुज्झाहि भगवं लोगनाहा !, सयलजगज्जीवहियं पवत्तेहि धम्मतित्थं, हियसुहनिस्सेयसकरं सव्वलोए सव्वजीवाणं भविस्सइत्तिकट्टु जयजयसद्दं पउंजंति ॥१११॥ पुव्विंपि णं समणस्स भगवओ महावीरस्स माणुस्सगाओ गिहत्थधम्माओ

सांवत्सरिकं दानं.

अणुत्तरे आभोइए अप्पडिवाई नाणदंसणे हुत्था, तए णं समणे भगवं महावीरे तेणं अणुत्तरेणं आभोइएणं नाणदंसणेणं अप्पणो निक्खमणकालं आभोएइ, आभोइत्ता चिच्चा हिरण्णं, चिच्चा सुवण्णं, चिच्चा धणं, चिच्चा रज्जं, चिच्चा रट्ठं, एवं बलं वाहणं कोसं कुट्ठागारं, चिच्चा पुरं, चिच्चा अंतेउरं, चिच्चा जणवयं, चिच्चा विपुलधणकणगरयणमणिमुत्तियसंखसिलप्पवालरत्तरयणमाइयं संतसारसावइज्जं, विच्छड्डइत्ता, विगोवइत्ता, दाणं दायारेहिं परिभाइत्ता, दाणं

दीक्षाकालाभोगो हिरण्यादित्यागश्च

दाइयाणं परिभाइत्ता ॥११२॥ तेणं कालेणं तेणं समएणं समणे भगवं महावीरे जे से हेमंताणं पढमे मासे पढमे पक्खे मग्गसिर-वहुले, तस्स णं मग्गसिरवहुलस्स दसमी-पक्खेणं पाईणगामिणीए छायाए पोरिसीए अभिनिवट्टाए पमाणपत्ताए सुव्वएणं दिवसेणं विजएणं मुहुत्तेणं चंदप्पभाए सीआए सदे-वमणुआसुराए परिसाए समणुगम्ममाणमग्गे, संखियचक्कियनंगलिअमुहमंगलियवद्धमाण-पूसमाणघंटियगणेहिं ताहिं इट्ठाहिं कंताहिं पियाहिं मणुन्नाहिं मणामाहिं उरालाहिं कल्ला-

दीक्षामहोत्सवः

श्रीवीर-दीक्षाति-थ्यादि

दीक्षायां पौरकृता-न्याशींषि

णाहिं सिवाहिं धन्नाहिं मंगल्लाहिं मिअमहुरसस्सिरीआहिं वग्गूहिं अभिनंदमाणा अभिथुव्वमाणा य एवं वयासी ॥ ११३ ॥—"जय २ नंदा!, जय २ भद्दा!, भद्दं ते खत्तियवरवसहा! अभग्गेहिं नाणदंसणचरित्तेहिं, अजियाइं जिणाहि इंदियाइं, जिअं च पालेहि समणधम्मं, जियविग्घोऽवि य वसाहि तं देव! सिद्धिमज्झे, निहणाहि रागद्दोसमल्ले तवेणं धिइधणिअबद्धकच्छे, मद्दाहि अट्ठ कम्मसत्तू झाणेणं उत्तमेणं सुक्केणं, अप्पमत्तो हराहि आराहणपडागं च वीर! तेलुक्करंगमज्झे, पावय वितिमिरमणुत्तरं केवलवरनाणं, गच्छ य मुक्खं परं पयं जिणवरोवइट्ठेणं मग्गेणं अकुडिलेणं हंता परीसहचमूं, जय २ खत्तिअवरवसहा! बहूइं दिवसाइं बहूइं पक्खाइं बहूइं मासाइं बहूइं उऊइं बहूइं अयणाइं बहूइं संवच्छराइं, अभीए परीसहोवसग्गाणं, खंतिखमे भयभेरवाणं[1], धम्मे ते अविग्घं भवउ" त्तिकट्टु जयजयसद्दं पउंजंति ॥ ११४ ॥ तए णं समणे भगवं महावीरे नयणमालासहस्सेहिं पिच्छिज्जमाणे २, वयणमालासहस्सेहिं अभिथुव्वमाणे २, हिययमालासहस्सेहिं उन्नंदिज्जमाणे २, मणोरहमालासह-

१ अभिभविअ गामकंटए (क० कि०) ।

स्सेहिं विच्छिप्पमाणे २, कंतिरूवगुणेहिं पत्थि-
ज्ञमाणे २, अंगुलिमालासहस्सेहिं दाइज्जमाणे
२, दाहिणहत्थेणं बहूणं नरनारीसहस्साणं अं-
जलिमालासहस्साइं पडिच्छमाणे २, भवणपं-
तिसहस्साइं समइच्छेमाणे २, तंतीतलतालतु-
डियगीयवाइअरवेणं महुरेण य मणहरेणं जय-
जयसद्दघोसमीसिएणं मंजुमंजुणा घोसेण य
पडिवुज्झमाणे २, सविड्ढीए सव्वजुईए सव्व-
वलेणं सव्ववाहणेणं सव्वसमुदएणं सव्वायरेणं
सव्वविभूईए सव्वविभूसाए सव्वसंभमेणं सव्वसं-
गमेणं सव्वपगईहिं सव्वनाडएहिं सव्वतालाय-

१ फ गु० । २ आपुच्छिज्जमाणे (क० कि०)।

महावीरदीक्षा.

दीक्षार्थं निष्क्रमः

रेहिं सव्वोरोहेणं सव्वपुप्फगंधमल्लालंकारविभूसाए सव्वतुडियसद्दसन्निनाएणं महया इड्ढीए महया जुईए महया बलेणं महया वाहणेणं महया समुदएणं महया वरतुडियजमगसमगप्पवाइएणं संखपणवपडहभेरिझल्लरिखरमुहिहुडुक्कदुंदुहिनिग्घोसनाइयरवेणं कुंडपुरं नगरं मज्झंमज्झेणं निग्गच्छइ, निग्गच्छित्ता जेणेव नायसंडवणे उज्जाणे जेणेव असोगवरपायवे तेणेव उवागच्छइ ॥ ११५ ॥ उवागच्छित्ता असोगवरपायवस्स अहे सीयं ठावेइ, ठावित्ता सीयाओ पच्चोरुहइ, पच्चोरुहित्ता सयमेव आभरणमल्लालंकारं ओमुअइ, ओमुइत्ता सयमेव पंचमुट्ठियं लोअं करेइ, करित्ता छट्ठेणं भत्तेणं अपाणएणं हत्थुत्तराहिं नक्खत्तेणं जोगमुवागएणं एगं देवदूसमादाय एगे अबीए मुंडे भवित्ता अगाराओ अणगारिअं पव्वइए ॥ ११६ ॥ समणे भगवं महावीरे संवच्छरं साहियं मासं जाव चीवरधारी होत्था, तेण परं अचेलए पाणिपडिग्गाहिए ॥ समणे भगवं महावीरे साइरेगाइं दुवालस वासाइं निच्चं वोसट्ठकाए चियत्तदेहे जे केइ उवसग्गा उप्पज्जंति, तंजहा–दिव्वा वा माणुसा वा तिरिक्खजोणिआ वा,

दीक्षाग्रहणं वस्त्रधारित्वं च

१ सव्वानरोहेणं कि० मु० । २ वत्थमल्ला ।

अणुलोमा वा पडिलोमा वा, ते उप्पन्ने सम्मं सहइ खमइ तितिक्खइ अहियासेइ ॥ ११७ ॥ तए णं समणे भगवं महावीरे अणगारे जाए, ईरियासमिए भासासमिए एसणासमिए आयाणभंडमत्तनिक्खेवणासमिए उच्चारपासवणखेलजल्लसंघाणपारिट्ठावणियासमिए मणसमिए वयसमिए कायसमिए मणगुत्ते वयगुत्ते कायगुत्ते गुत्ते गुत्तिंदिए गुत्तबंभयारी अकोहे अमाणे अमाए अलोहे संते पसंते उवसंते परिनिव्वुडे अणासवे अममे अकिंचणे छि-

अर्धवस्त्रदानं.

उपसर्गाः श्रीवीरसाधुता च

उपसर्गाः

न्नगंथे निरुवलेवे, कंसपाई इव मुक्कतोए१, संखे इव निरंजणे२, जीवे इव अप्पडिहयगई३, गगणमिव निरालंबणे४, वाऊ इव अप्पडिबद्धे५, सारयसलिलं व सुद्धहियए६, पुक्खरपत्तं व निरुवलेवे७, कुम्मे इव गुत्तिंदिए८, खग्गिविसाणं व एगजाए९, विहग इव विप्पमुक्के१०, भारंडपक्खी इव अप्पमत्ते११, कुंजरे इव सोंडीरे१२, वसहो इव जायथामे१३, सीहो इव दुद्धरिसे१४, मंदरे इव [3]निक्कंपे१५, सागरो इव गंभीरे१६, चंदो इव सोमलेसे१७, सूरो इव दित्ततेए१८, जच्चकणगं व जायरूवे१९, वसुंधरा इव सव्वफासविसहे२०, सुहुयहुयासणो इव तेयसा जलंते२१॥

१ छिण्णसोए (क०कि०)। २ (२) नास्ति प्र.। ३ (१–२) अप्पकंपे

श्रामण्ये प्रतिबन्धाभावः

इमेसिं पयाणं दुन्नि संगहणिगाहाओ—"कंसे संखे जीवे, गगणे वाऊ य सरयसलिले अ। पुक्खरपत्ते कुम्मे, विहगे खग्गे य भारंडे ॥ १ ॥ कुंजर वसहे सीहे, नगराया चेव सागरमखोहे। चंदे सूरे कणगे, वसुंधरा चेव हूयवहे ॥ २ ॥" नत्थि णं तस्स भगवंतस्स कत्थइ पडिबंधे, से अ पडिबंधे चउविहे पन्नत्ते, तंजहा—दव्वओ खित्तओ कालओ भावओ, दव्वओ णं सचित्ताचित्तमीसेसु दव्वेसु, खित्तओ णं गामे वा नगरे वा अरण्णे वा खित्ते वा खले वा घरे वा अंगणे वा नहे वा, कालओ णं समए वा आवलिआए वा आणपाणुए वा थोवे वा खणे वा लवे वा मुहुत्ते वा अहोरत्ते वा पक्खे वा मासे वा उडए[2] वा अयणे वा संवच्छरे वा अन्नयरे वा दीहकालसंजोए, भावओ णं कोहे वा माणे वा मायाए वा लोभे वा भए वा हासे वा पिज्जे वा दोसे वा कलहे वा अब्भक्खाणे वा पेसुन्ने वा परपरिवाए वा अरइरई(ए) वा मायामोसे वा मिच्छादंसणसल्ले वा, (ग्रं० ६००) तस्स णं भगवंतस्स नो एवं भवइ ॥ ११८ ॥ से णं भगवं वासावासवज्जं अट्ठ गिम्हहेमंतिए मासे गामे एगराइए नगरे पंचराइए वासीचंदणसमाण-

१ (१) नेमे तत्र गाथे। २ उऊ वा (क० कि०, क० सु०)।

श्रीवीरविहारश्रामण्ये उत्कृष्टता

कप्पे समतिणमणिलेट्ठुकंचणे समदुक्खसुहे[1] इहलोगपरलोगअप्पडिबद्धे जीवियमरणे[2] अ निरवकंखे संसारपारगामी कम्मसत्तुनिग्घायणट्ठाए अब्भुट्ठिए एवं च णं विहरइ ॥ ११९ ॥

तस्स णं भगवंतस्स अणुत्तरेणं नाणेणं अणुत्तरेणं दंसणेणं अणुत्तरेणं चरित्तेणं अणुत्तरेणं आलएणं अणुत्तरेणं विहारेणं अणुत्तरेणं वीरिएणं अणुत्तरेणं अज्जवेणं अणुत्तरेणं मद्दवेणं अणुत्तरेणं लाघवेणं अणुत्तराए खंतीए अणुत्तराए मुत्तीए अणुत्तराए गुत्तीए अणुत्तराए तुट्ठीए अणुत्तरेणं सच्चसंजमतवसुचरिअसोवचिअफलनिव्वाणमग्गेणं अप्पाणं भावेमाणस्स दुवालस संवच्छराइं विइक्कंताइं, तेरसमस्स संवच्छरस्स अंतरा वट्टमाणस्स जे से गिम्हाणं दुच्चे मासे चउत्थे पक्खे वइसाहसुद्धे, तस्स णं वइसाहसुद्धस्स दसमीपक्खेणं पाईणगामिणीए छायाए पोरिसीए अभिनिविट्ठाए पमाणपत्ताए सुव्वएणं दिवसेणं विजएणं मुहुत्तेणं जंभियगामस्स नगरस्स बहिआ उज्जुवालियाए नईए तीरे वेयावत्तस्स चेइअस्स अदूरसामंते सामागस्स गाहावईस्स कट्ठकरणंसि सालपायवस्स अहे गोदोहिआए उक्कडुअनिसि-

१ समसुहदुक्खे (क० कि०, क० सु०)। २ मरणा नि० (क० कि०, क० सु०)।

झाए आयावणाए आयावेमाणस्स छट्ठेणं भत्तेणं अपाणएणं हत्थुत्तराहिं नक्खत्तेणं जोगमुवागएणं झाणंतरिआए वट्टमाणस्स अणंते अणुत्तरे निव्वाघाए निरावरणे कसिणे पडिपुण्णे केवलवरनाणदंसणे समुप्पन्ने ॥ १२० ॥ तेणं कालेणं तेणं समएणं समणे भगवं महावीरे अरहा जाए, जिणे केवली सव्वन्नू सव्वदरिसी सदेवमणुआसुरस्स लोगस्स परिआयं जाणइ पासइ, सव्वलोए सव्वजीवाणं आगइं गइं ठिइं चवणं उववायं तक्कं मणो माणसिअं भुत्तं

१ तए णं समणे भगवं महावीरे (क० कि०, क० सु०)।

महावीरकेवलज्ञानं.

केवलज्ञानोत्पादः

समवसरणं।

कडं पडिसेवियं आवीकम्मं रहोकम्मं, अरहा अरहस्सभागी, तं तं कालं मणवयकायजोगे वट्टमाणाणं सव्वलोए सव्वजीवाणं सव्वभावे जाणमाणे पासमाणे विहरइ ॥१२१॥

तेणं कालेणं तेणं समएणं समणे भगवं महावीरे अट्ठियगामं नीसाए पढमं अंतरावासं वासावासं उवागए१, चंपं च पिट्ठचंपं च नीसाए तओ अंतरावासे वासावासं उवागए४, वेसालिं नगरिं वाणियगामं च नीसाए दुवालस अंतरावासे वासावासं उवागए१६, रायगिहं नगरं नालंदं च बाहिरियं

निर्वाण-दिनं

नीसाए चउद्दस अंतरावासे वासावासं उवागए३०, छ मिहिलाए[1-2]३६ दो भद्दिआए३८ एगं आलंभियाए३९ एगं सावत्थीए४० एगं पणिअभूमीए४१ एगं पावाए मज्झिमाए हत्थिवालस्स रण्णो रज्जुगसभाए अपच्छिमं अंतरावासं वासावासं उवागए४२ ॥ १२२ ॥ तत्थ णं जे से पावाए मज्झिमाए हत्थिवालस्स रण्णो रज्जुगसभाए अपच्छिमं अंतरावासं वासावासं उवागए ॥ १२३ ॥ तस्स णं अंतरावासस्स जे से वासाणं चउत्थे मासे सत्तमे पक्खे कत्तिअबहुले, तस्स णं कत्तियबहुलस्स पन्नरसीपक्खेणं जा सा चरमा रयणी, तं रयणिं च णं समणे भगवं महावीरे कालगए विइक्कंते समुज्जाए छिन्नजाइजरामरणबंधणे सिद्धे बुद्धे मुत्ते अंतगडे परिनिव्वुडे सव्वदुक्खप्पहीणे, चंदे नामं से दुच्चे संवच्छरे, पीइवद्धणे मासे, नंदिवद्धणे पक्खे, अग्गिवेसे नामं से दिवसे, उवसमित्ति पवुच्चइ, देवाणंदा नामं सा रयणी, निरतित्ति पवुच्चइ, अच्चे लवे मुहुत्ते पाणू थोवे सिद्धे नागे करणे सव्वट्ठसिद्धे मुहुत्ते साइणा नक्खत्तेणं जोगमुवागएणं कालगए विइक्कंते जाव सव्वदुक्खप्पहीणे ॥ १२४ ॥ जं रयणिं च णं समणे भगवं

१-२ मिहिलियाए।

महावीरनिर्वाणं.

महावीरे कालगए जाव सव्वदुक्खप्पहीणे सा णं रयणी बहूहिं देवेहिं देवीहि य ओवयमाणेहि य उप्पयमाणेहि य उज्जोविया आविहुत्था ॥ १२५ ॥ जं रयणिं च णं समणे भगवं महावीरे कालगए जाव सव्वदुक्खप्पहीणे, सा णं रयणी बहूहिं देवेहि य देवीहि य ओवयमाणेहिं उप्पयमाणेहि य उप्पिंजलगमाणभूआ कहकहगभूआ आविहुत्था ॥ १२६ ॥ जं रयणिं च णं समणे भगवं महावीरे कालगए जाव सव्वदुक्खप्पहीणे तं रयणिं च णं जिट्ठस्स

निर्वाणे
देवमहो-
त्सवः

गोअमस्स इंदभूइस्स अणगारस्स अंतेवासिस्स नायए पिज्जबंधणे वुच्छिन्ने, अणंते अणुत्तरे जाव केवलवरनाणदंसणे समुप्पन्ने ॥ १२७ ॥ जं रयणिं च णं समणे भगवं महावीरे कालगए जाव सव्वदुक्खप्पहीणे तं रयणिं च णं नव मल्लई नव लेच्छई कासीकोसलगा अट्ठारसवि गणरायाणो अमावासाए पाराभोयं[1] पोसहोववासं पट्ठविंसु, गए से भावुज्जोए, दव्वुज्जोअं करिस्सामो ॥ १२८ ॥ जं रयणिं च णं समणे भगवं महावीरे जाव सव्वदुक्खप्पहीणे तं रयणिं च णं खुद्दाए

1 बाराभोए (क० कि०)।

श्रीगौतम केवलं गणराजपौषधश्च

भासरासी नाम महग्गहे दोवाससहस्सठिई समणस्स भगवओ महावीरस्स जम्मनक्खत्तं संकंते ॥ १२९ ॥ जप्पभिइं च णं से खुद्दाए भासरासी महग्गहे दोवाससहस्सठिई समणस्स भगवओ महावीरस्स जम्मनक्खत्तं संकंते तप्पभिइं च णं समणाणं निग्गंथाणं निग्गंथीण य नो उदिए २ पूआसक्कारे पवत्तइ ॥१३०॥ जया णं से खुद्दाए जाव जम्मनक्खत्ताओ विइक्कंते भविस्सइ तया णं समणाणं निग्गंथाणं निग्गंथीण य उदिए २ पूआसक्कारे भविस्सइ ॥ १३१ ॥ जं रयणिं च णं समणे भगवं महावीरे कालगए जाव सव्वदुक्खप्पहीणे तं रयणिं च णं कुंथू अणुद्धरी नामं समुप्पन्ना, जा ठिया अचलमाणा छउमत्थाणं निग्गंथाणं निग्गंथीण य नो चक्खुफासं हव्वमागच्छति, जा अठिआ चलमाणा छउमत्थाणं निग्गंथाणं निग्गंथीण य चक्खुफासं हव्वमागच्छइ ॥ १३२ ॥ जं पासित्ता बहूहिं निग्गंथेहिं निग्गंथीहि य भत्ताइं पच्चक्खायाइं, से किमाहु भंते!?, अज्जप्पभिई संजमे दुराराहे भविस्सइ ॥१३३॥ तेणं कालेणं तेणं समएणं समणस्स भगवओ महावीरस्स इंदभूइपामुक्खाओ चउद्दस

भस्मराशि-संक्रमः कुन्थुरनशनं च

१ दुराराहए (क० सु०, क० कि०) ।

समणसाहस्सीओ उक्कोसिआ समणसंपया हुत्था ॥ १३४ ॥ समणस्स भगवओ महावीरस्स अज्जचंदणापामुक्खाओ छत्तीसं अज्जियासाहस्सीओ उक्कोसिया अज्जियासंपया हुत्था ॥ १३५ ॥ समणस्स भगवओ० संखसयगपामुक्खाणं समणोवासगाणं एगा सयसाहस्सी[1] अउणट्ठिं च सहस्सा उक्कोसिया समणोवासगाणं संपया हुत्था ॥ १३६ ॥ समणस्स भगवओ० सुलसारेवईपामुक्खाणं समणोवासिआणं तिन्नि सयसाहस्सीओ अट्ठारस सहस्सा उक्कोसिआ सम-

१ साहस्सीओ (क० कि०) ।

गणधरपर्षद्.

श्रीवीरपरिवारः

णोवासियाणं संपया हुत्था ॥ १३७ ॥ समणस्स णं भगवओ० तिन्नि सया चउद्दसपुवीणं अजिणाणं जिणसंकासाणं सवक्खरसन्निवाईणं जिणोविव अवितहं वागरमाणाणं उक्कोसिआ चउद्दसपुवीणं संपया हुत्था ॥ १३८ ॥ समणस्स० तेरस सया ओहिनाणीणं अइसेसपत्ताणं उक्कोसिया ओहिनाणिसंपया हुत्था ॥ १३९ ॥ समणस्स णं भगवओ० सत्त सया केवलनाणीणं संभिण्णवरनाणदंसणधराणं उक्कोसिया केवलनाणिसंपया हुत्था ॥१४०॥ समणस्स णं भ० सत्त सया वेउवीणं अदेवाणं देविड्ढिपत्ताणं उक्कोसिया वेउव्वियसंपया हुत्था ॥ १४१ ॥ समणस्स णं भ० पंच सया विउलमईणं अड्ढाइज्जेसु दीवेसु दोसु अ समुद्देसु सन्नीणं पंचिंदियाणं पज्जत्तगाणं मणोगए भावे जाणमाणाणं उक्कोसिआ विउलमईणं संपया हुत्था ॥ १४२ ॥ समणस्स णं भ० चत्तारि सया वाईणं सदेवमणुआसुराए परिसाए वाए अपराजियाणं उक्कोसिया वाइसंपया हुत्था ॥ १४३ ॥ समणस्स णं भगवओ० सत्त अंतेवासिसयाइं सिद्धाइं जाव सवदुक्खप्पहीणाइं, चउद्दस अज्जियासयाइं सिद्धाइं

॥ १४४ ॥ समणस्स णं भग० अट्ठ सया अणुत्तरोववाइयाणं गइकल्लाणाणं ठिइकल्ला- णाणं आगमेसिभद्दाणं उक्कोसिआ अणुत्तरोव- वाइयाणं संपया हुत्था ॥ १४५ ॥ समणस्स भ० दुविहा अंतगडभूमी हुत्था, तंजहा—जुगं- तगडभूमी य परियायंतगडभूमी य, जाव तच्चाओ पुरिसजुगाओ जुगंतगडभूमी, चउवा- सपरियाए अंतमकासी ॥ १४६ ॥ तेणं कालेणं तेणं समएणं समणे भगवं महावीरे तीसं वासाइं अगारवासमज्झे वसित्ता साइरेगाइं दुवालस वासाइं छउमत्थपरियागं पाउणित्ता

देसूणाइं तीसं वासाइं केवलिपरियागं पाउणित्ता बायालीसं वासाइं सामण्णपरियागं पाउणित्ता बावत्तरिं वासाइं सव्वाउयं पालइत्ता खीणे वेयणिज्जाउयनामगुत्ते इमीसे ओसप्पिणीए दूसमसुसमाए समाए बहुविइक्कंताए तीहिं वासेहिं अद्धनवमेहि य मासेहिं सेसेहिं पावाए मज्झिमाए हत्थिवालस्स रण्णो रज्जुयसभाए एगे अबीए छट्ठेणं भत्तेणं अपाणएणं साइणा नक्खत्तेणं जोगमुवागएणं पच्चूसकालसमयंसि संपलिअंकनिसण्णे पणपन्नं अज्झयणाइं कल्लाणफलविवागाइं पणपन्नं अज्झयणाइं पावफलविवागाइं छत्तीसं च अपुट्ठवागरणाइं वागरित्ता पहाणं नाम अज्झयणं विभावेमाणे २ कालगए विइक्कंते समुज्जाए छिन्नजाइजरामरणबंधणे सिद्धे बुद्धे मुत्ते अंतगडे परिनिव्वुडे सव्वदुक्खप्पहीणे ॥ १४७ ॥ समणस्स भगवओ महावीरस्स जाव सव्वदुक्खप्पहीणस्स नव वाससयाइं विइक्कंताइं दसमस्स य वाससयस्स अयं असीइमे संवच्छरे काले गच्छइ, वायणंतरे पुण अयं तेणउए संवच्छरे काले गच्छइ इइ दीसइ ॥ १४८ ॥ २४ ॥ इति श्रीमहावीरचरित्रम् ॥

तेणं कालेणं तेणं समएणं पासे अरहा पुरिसादाणीए पंचविसाहे हुत्था, तंजहा– विसाहाहिं चुए चइत्ता गब्भं वक्कंते १, विसाहाहिं जाए२, विसाहाहिं मुंडे भवित्ता अगाराओ अणगारिअं पव्वइए३, विसाहाहिं अणंते अणुत्तरे निव्वाघाए निरावरणे कसिणे पडिपुण्णे केवलवरनाणदंसणे समुप्पन्ने४, विसाहाहिं परिनिव्वुए५॥ १४९ ॥ तेणं कालेणं तेणं समएणं पासे अरहा पुरिसादाणीए जे से गिम्हाणं पढमे मासे पढमे पक्खे चित्तवहुले, तस्स णं चित्तवहुलस्स चउत्थीपक्खे णं पाण-

श्रीपार्श्वनाथः

श्रीपार्श्ववृत्ते जघन्यमध्यमवाचने

श्रीपार्श्वनाथस्य मातुः स्वप्नाः

याओ कप्पाओ वीसंसागरोवमट्ठिइयाओ अणंतरं चयं चइत्ता इहेव जंबुद्दीवे दीवे भारहे वासे वाणारसीए नयरीए आससेणस्स रण्णो वामाए देवीए पुव्वरत्तावरत्तकालसमयंसि विसाहाहिं नक्खत्तेणं जोगमुवागएणं आहारवक्कंतीए (ग्रं. ७००) भववक्कंतीए सरीरवक्कंतीए कुच्छिंसि गब्भत्ताए वक्कंते ॥ १५० ॥ पासे णं अरहा पुरिसादाणीए तिन्नाणोवगए आविहुत्था, तंजहा—चइस्सामित्ति जाणइ, चयमाणे न जाणइ, चुएमित्ति जाणइ, तेणं चेव अभिलावेणं सुविणदंसण-

च्यवनक-
ल्याणकं

विहाणेणं सव्वं जाव निअगं गिहं अणुपविट्ठा, जाव सुहंसुहेणं तं गब्भं परिवहइ ॥ १५१ ॥ तेणं कालेणं तेणं समएणं पासे अरहा पुरिसादाणीए जे से हेमंताणं दुच्चे मासे तच्चे पक्खे पोसबहुले, तस्स णं पोसबहुलस्स दसमीपक्खे णं नवण्हं मासाणं बहुपडिपुण्णाणं अद्धट्ठमाणं राइंदिआणं विइक्कंताणं पुव्वरत्तावरत्तकालसमयंसि विसाहाहिं नक्खत्तेणं जोगमुवागएणं आरोग्गा आरोग्गं दारयं पयाया ॥ १५२ ॥ जं रयणिं च णं पासे० जाए सा रयणी बहूहिं देवेहिं देवीहि य जाव उप्पिंजलगभूया कहक-

१ तं रयणिं च णं (क० कि०, क० सु०)।

श्रीपार्श्वजन्म.

श्रीपार्श्वजन्माभिषेकः

हगभूया याविहुत्था ॥ १५३ ॥ सेसं तहेव, नवरं जम्मणं पासाभिलावेणं भाणिअव्वं, जाव तं होउ णं कुमारे पासे नामेणं ॥१५४॥ पासे अरहा पुरिसादाणीए दक्खे दक्खपइन्ने पडिरूवे अल्लीणे भद्दए विणीए तीसं वासाइं अगारवासमज्झे वसित्ता पुणरवि लोगंतिएहिं जीअकप्पेहिं देवेहिं ताहिं इट्ठाहिं जाव एवं वयासी ॥ १५५ ॥–"जय जय नंदा !, जय जय भद्दा !, भद्दं ते" जाव जयजयसद्दं पउंजंति ॥ १५६ ॥ पुव्विंपि णं पासस्स णं अरहओ पुरिसादाणीयस्स माणुस्सगाओ

नामकरणं लोकान्तिकागमश्च

कमठस्य तपः नागस्य निष्कासनं नमस्कारश्रावणं च

श्रीपार्श्वस्य सांवत्सरिदानं.

गिहत्थधम्माओ अणुत्तरे आभोइए तं चेव सव्वं जाव दाणं दाइयाणं परिभाइत्ता जे से हेमंताणं दुच्चे मासे तच्चे पक्खे पोसबहुले, तस्स णं पोसबहुलस्स इक्कारसीदिवसे णं पुव्वण्हकालसमयंसि विसालाए सिविआए सदेवमणुआसुराए परिसाए, तं चेव सव्वं नवरं वाणारसिं नगरिं मज्झंमज्झेणं निग्गच्छइ, निग्गच्छित्ता जेणेव आसमपए उज्जाणे जेणेव असोगवरपायवे तेणेव उवागच्छइ, उवागच्छित्ता असोगवरपायवस्स अहे सीयं ठावेइ, ठावित्ता

सीयाओ पच्चोरुहित्ता सयमेव आभरणमल्ला-
लंकारं ओमुअइ, सय० ओमुइत्ता सयमेव पं-
चमुट्ठियं लोअं करेइ, करित्ता अट्ठमेणं भत्तेणं
अपाणएणं विसाहाहिं नक्खत्तेणं जोगमुवा-
गएणं एगं देवदूसमादाय तीहिं पुरिसस-
एहिं सद्धिं मुंडे भवित्ता अगाराओ अणगा-
रियं पव्वइए ॥ १५७ ॥ पासे णं अरहा
पुरिसादाणीए तेसीइं राइंदियाइं निच्चं वोस-
ट्ठकाए चियत्तदेहे जे केई उवसग्गा उप्प-
ज्जंति, तंजहा—दिव्वा वा माणुस्सा वा तिरि-
क्खजोणिआ वा अणुलोमा वा पडिलोमा

श्रीपार्श्वदीक्षामहोत्सवः।

श्रीपार्श्व-
नाथदीक्षा

श्रीपार्श्वदीक्षाकल्याणकं.

कमठकृत उपसर्गः धरणेन्द्रागमश्च.

वा, ते उप्पन्ने सम्मं सहइ खमइ तितिक्खइ अहियासेइ ॥ १५८ ॥ तए णं से पासे भगवं अणगारे जाए ईरियासमिए भासासमिए जाव अप्पाणं भावेमाणस्स तेसीइं राइंदियाइं विइक्कंताइं, चउरासीइमे राइंदिए अंतरा वट्टमाणे जे से गिम्हाणं पढमे मासे पढमे पक्खे चित्तबहुले, तस्स णं चित्तबहुलस्स चउत्थीपक्खे णं पुव्वण्हकालसमयंसि धायईपायवस्स अहे छट्ठेणं भत्तेणं अपाणएणं विसाहाहिं नक्खत्तेणं

१ चउरासीइमस्स राइंदिअस्स अंतरा वट्टमाणस्स (क० कि०, क० सु०)।

श्रीपार्श्वसमवसरणं.

श्रीपार्श्व-स्यानगा-रिता

श्रीपार्श्वगणधरपर्षद्.

पार्श्वनाथ-चरि०

जोगमुवागएणं झाणंतरिआए वट्टमाणस्स अणंते अणुत्तरे निव्वाघाए निरावरणे जाव केवलवरनाणदंसणे समुप्पन्ने जाव जाणमाणे पासमाणे विहरइ ॥ १५९ ॥

श्रीपार्श्वनाथस्य केवलं पर्षच्च

पासस्स णं अरहओ पुरिसादाणीयस्स अट्ठ गणा अट्ठ गणहरा हुत्था, तंजहा—सुभे य १ अज्जघोसे य २, वसिट्ठे ३ बंभयारि य ४। सोमे ५ सिरिहरे ६ चेव, वीरभद्दे ७ जसेऽविय ८ ॥ १६० ॥ पासस्स णं अरहओ पुरिसादाणीयस्स अज्जदिण्णपामुक्खाओ सोलस समणसाहस्सीओ उक्कोसिआ सम-

णसंपया हुत्था ॥ १६१ ॥ पासस्स णं अ० पुप्फचूलापामुक्खाओ अट्ठत्तीसं अज्जियासाहस्सीओ उक्कोसिआ अज्जियासंपया हुत्था ॥ १६२ ॥ पासस्स० सुव्वयपामुक्खाणं समणोवासगाणं एगा सयसाहस्सीओ चउसट्ठिं च सहस्सा उक्कोसिआ समणोवासगाणं संपया हुत्था ॥ १६३ ॥ पासस्स० सुनंदापामुक्खाणं समणोवासियाणं तिण्णि सयसाहस्सीओ सत्तावीसं च सहस्सा उक्कोसिआ समणोवासियाणं संपया हुत्था ॥ १६४ ॥ पासस्स० अद्धुट्ठसया चउद्दसपुव्वीणं अजिणाणं जिणसंकासाणं सव्वक्खर जाव चउद्दसपुव्वीणं संपया हुत्था ॥ १६५ ॥ पासस्स णं० चउद्दस सया ओहिनाणीणं, दस सया केवलनाणीणं, इक्कारस सया वेउव्वियाणं, छस्सया रिउमईणं, दस समणसया सिद्धा, वीसं अज्जियासया सिद्धा, अद्धट्ठमसया विउलमईणं, छ सया वाईणं, बारस सया अणुत्तरोववाइयाणं ॥ १६६ ॥ पासस्स णं अरहओ पुरिसादाणीयस्स दुविहा अंतगडभूमी हुत्था, तंजहा–जुगंतगडभूमी परियायंतगडभूमी य, जाव चउत्थाओ पुरिसजुगाओ जुगंतगडभूमी, तिवासपरिआए

श्रीपार्श्वनिर्वाणं.

अंतमकासी ॥ १६७ ॥ तेणं कालेणं तेणं
समएणं पासे अरहा पुरिसादाणीए तीसं
वासाइं अगारवासमज्झे वसित्ता तेसीइं
राइंदिआइं छउमत्थपरिआयं पाउणित्ता
देसूणाइं सत्तरि वासाइं केवलिपरिआयं
पाउणित्ता पडिपुण्णाइं सत्तरि वासाइं
सामण्णपरिआयं पाउणित्ता एक्कं वास-
सयं सव्वाउयं पालइत्ता खीणे वेयणिज्जा-
उयनामगुत्ते इमीसे ओसप्पिणीए दूसम-
सुसमाए समाए वहुविइक्कंताए जे से
वासाणं पढमे मासे दुच्चे पक्खे सावण-

पार्श्वनाथ-
चरि०

श्रीपार्श्व-
स्यागार-
वासादि

सुद्धे, तस्स णं सावणसुद्धस्स अट्ठमीपक्खे
णं उप्पिं संमेअसेलसिहरंसि अप्पचउत्तीस-
इमे मासिएणं भत्तेणं अपाणएणं विसाहाहिं
नक्खत्तेणं जोगमुवागएणं पुव्वण्हेकालसमयंसि
वग्घारियपाणी कालगए विइक्कंते जाव सव्व-
दुक्खप्पहीणे ॥ १६८ ॥ पासस्स णं अर-
हओ जाव सव्वदुक्खप्पहीणस्स दुवालस वास-
सयाइं विइक्कंताइं, तेरसमस्स य अयं तीसइमे
संवच्छरे काले गच्छइ ॥ १६९ ॥ २३ ॥

॥ इति श्रीपार्श्वचरित्रम् ॥

१ पुव्वरत्तावरत्त० (क० कि०, क० सु०) ।

पार्श्वसमवसरणं.

श्रीपार्श्वस्य मोक्षः

श्रीनेमनाथः

श्रीनेमिनः
कल्याण-
कानि

तेणं कालेणं तेणं समएणं अरहा अरिट्ठनेमी पंचचित्ते हुत्था, तंजहा-चित्ताहिं चुए चइत्ता गब्भं वक्कंते, तहेव उक्खेवो जाव चित्ताहिं परिनिव्वुए ॥१७०॥ तेणं कालेणं तेणं समएणं अरहा अरिट्ठनेमी जे से वासाणं चउत्थे मासे सत्तमे पक्खे कत्तिअबहुले, तस्स णं कत्तियबहुलस्स बारसीपक्खे णं अपराजिआओ महाविमाणाओ बत्तीससागरोवमठिइआओ अणंतरं चयं चइत्ता इहेव जंबुद्दीवे दीवे भारहे वासे सोरियपुरे नयरे समुद्दविजयस्स रण्णो भारिआए सिवोए देवीए[1] पुव्वरत्तावरत्तकालसमयंसि जाव

1 सिवादेवीए (क॰ कि॰, क॰ सु॰)।

चित्ताहिं गब्भत्ताए वक्कंते, सव्वं तहेव सुमिणदंसणदविणसंहरणाइअं इत्थ भाणियव्वं ॥ १७१ ॥ तेणं कालेणं तेणं समएणं अरहा अरिट्ठनेमी जे से वासाणं पढमे मासे दुच्चे पक्खे सावणसुद्धे, तस्स णं सावणसुद्धस्स पंचमीपक्खे णं नवण्हं मासाणं जाव चित्ताहिं नक्खत्तेणं जोगमुवागएणं जाव आरोग्गा आरोग्गं दारयं पयाया ॥ जम्मणं समुद्दविजयाभिलावेणं नेयव्वं, जाव तं होउ णं कुमारे अरिट्ठनेमी नामेणं ॥ अरहा अरिट्ठनेमी दक्खे जाव तिण्णि वाससयाइं कुमारे अगा-

१ तमेव ।

नेमिमातुः स्वप्नाः

नेमनाथजन्म.

नेमनाथजन्माभिषेकः.

रवासमज्झे वसित्ता णं पुणरवि लोगंति-
एहिं जीअकप्पिएहिं देवेहिं तं चेव सव्वं
भाणियव्वं, जाव दाणं दाइयाणं परिभाइत्ता
॥ १७२ ॥ जे से वासाणं पढमे मासे दुच्चे
पक्खे सावणसुद्धे, तस्स णं सावणसुद्धस्स
छट्ठीपक्खे णं पुव्वण्हकालसमयंसि उत्तर-
कुराए सीयाए सदेवमणुआसुराए परि-
साए अणुगम्ममाणमग्गे जाव बारवईए
नयरीए मज्झंमज्झेणं निग्गच्छइ, निग्ग-
च्छित्ता जेणेव रेवयए उज्जाणे तेणेव
उवागच्छइ, उवागच्छित्ता असोगवरपाय-

नेमनाथसांवत्सरिकदानं।

श्रीनेमिनो
दीक्षोत्सवः

नेमनाथदीक्षामहोत्सवः

वस्स अहे सीयं ठावेइ, ठावित्ता सीयाओ पच्चोरुहइ, पच्चोरुहित्ता सयमेव आभरणमल्लालंकारं ओमुयइ, सयमेव पंचमुट्ठियं लोयं करेइ, करित्ता छट्ठेणं भत्तेणं अपाणएणं चित्तानक्खत्तेणं जोगमुवागएणं एगं देवदूसमादाय एगेणं पुरिससहस्सेणं सद्धिं मुंडे भवित्ता अगाराओ अणगारियं पव्वइए ॥ १७३ ॥ अरहा णं अरिट्ठनेमी चउपन्नं राइंदियाइं निच्चं वोसट्ठकाए चियत्तदेहे, तं चेव सव्वं जाव पणपन्नगस्स राइंदियस्स अंतरा वट्टमाणस्स जे से वासाणं

श्रीनेमिदीक्षा.

श्रीनेमिप्रभोः केवलं.

पत्रम्. ९

श्रीनेमिसमवसरणं,

तच्चे मासे पंचमे पक्खे आसोयबहुले, तस्स णं आसोयबहुलस्स पन्नरसीपक्खे णं दिवसस्स पच्छिमे भाए उज्जिंतसेलसिहरे वेडसपायवस्स अहे छट्ठेणं[1] भत्तेणं अपाणएणं चित्तानक्खत्तेणं[2] जोगमुवागएणं झाणंतरियाए वट्टमाणस्स अणंते अणुत्तरे जाव सव्वलोए सव्वजीवाणं सव्वभावे जाणमाणे पासमाणे विहरइ ॥ १७४ ॥ अरहओ णं अरिट्ठनेमिस्स अट्ठारस गणा अट्ठारस गणहरा हुत्था ॥ १७५ ॥ अरहओ णं अरिट्ठनेमिस्स

१ अट्ठमेणं (क० कि०, क० सु०) । २ चित्ताहिं नक्खत्तेणं (क० कि०, क० सु०) ।

श्रीनेमि १८ गणधरपर्षद्.

वरदत्तपामुक्खाओ अट्ठारस समणसाहस्सीओ उक्कोसिया समणसंपया हुत्था ॥ १७६ ॥ अरहओ णं अरिट्ठनेमिस्स अज्जजक्खिणीपामुक्खाओ चत्तालीसं अज्जियासाहस्सीओ उक्कोसिया अज्जियासंपया हुत्था ॥ १७७ ॥ अरहओ णं अरिट्ठनेमिस्स नंदपामुक्खाणं समणोवासगाणं एगा सयसाहस्सीओ अउणत्तरिं च सहस्सा उक्कोसिया समणोवासगाणं संपया हुत्था ॥ १७८ ॥ अरहओ णं अरिट्ठनेमिस्स महासुव्वयापामुक्खाणं समणोवासिगाणं तिण्णि सयसाहस्सीओ छत्तीसं च सहस्सा उक्कोसिआ समणोवासिआणं संपया हुत्था ॥ १७९ ॥ अरहओ णं अरिट्ठनेमिस्स चत्तारि सया चउद्दसपुव्वीणं अजिणाणं जिणसंकासाणं सव्वक्खर–सन्निवाईणं जिणो विव अवितहं वागरमाणाणं उक्कोसिआ चउद्दसपुव्वीणं संपया हुत्था ॥ १८० ॥ पन्नरस सया ओहिनाणीणं, पन्नरस सया केवलनाणीणं, पन्नरस सया वेउव्विआणं, दस सया विउलमईणं, अट्ठ सया वाईणं, सोलस सया अणुत्तरोववाइआणं, पन्न-

श्रीनेमिप्रभोः परिवारः

रस समणसया सिद्धा, तीसं अज्जियासयाइं सिद्धाइं ॥ १८१[1] ॥ अरहओ णं अरिट्ठनेमिस्स दुविहा अंतगडभूमी हुत्था, तंजहा—जुगंतगडभूमी परियायंतगडभूमी य जाव अट्ठमाओ पुरिसजुगाओ जुगंतगडभूमी, दुवासपरिआए अंतमकासी ॥ १८२ ॥ तेणं कालेणं तेणं समएणं अरहा अरिट्ठनेमी तिण्णि वाससयाइं कुमारवासमज्झे वसित्ता चउपन्नं राइंदियाइं छउमत्थपरिआयं पाउणित्ता देसूणाइं सत्त वाससयाइं केवलिपरिआयं पाउणित्ता पडिपुण्णाइं सत्त वाससयाइं सामण्णपरिआयं पाउणित्ता एगं वाससहस्सं सव्वाउअं पालइत्ता खीणे वेयणिज्जाउयनामगुत्ते इमीसे ओसप्पिणीए दूसमसुसमाए समाए बहुविइक्कंताए जे से गिम्हाणं चउत्थे मासे अट्ठमे पक्खे आसाढसुद्धे तस्स णं आसाढसुद्धस्स अट्ठमीपक्खे णं उप्पिं उज्जिंतसेलसिहरंसि पंचहिं छत्तीसेहिं अणगारसएहिं सद्धिं मासिएणं भत्तेणं अपाणएणं

श्रीनेमिनोऽन्तकृद्भूम्यादि

१ १८० सु०। किरणावल्यां यदेकाशीत्यधिकशततमं सूत्रं तदत्रैकाशीत्यधिकशततमत्वेन अशीत्यधिकशततमत्वेन चोपन्यस्तम्। सुबोधिकायां त्वशीत्यधिकशततमं यत्तत् सूत्रमत्राशीत्यधिकशततमत्वेनैकाशीत्यधिकशततमत्वेन च विभक्तम्, अत एवेतः प्रारभ्य किरणावलिसुबोधिकातोऽत्र चतुरधिकशतद्वयसूत्रपर्यन्तमेकाङ्काधिक्यम्। २ दुवालस० (क० कि०, क० सु०)।

श्रीनेमिनिर्वाणं.

चित्तानक्खत्तेणं जोगमुवागएणं पुव्वरत्तावरत्तकालसमयंसि नेसज्जिए कालगए (ग्रं.८००) जाव सव्वदुक्खप्पहीणे॥१८३॥

अरहओ णं अरिट्ठनेमिस्स कालगयस्स जाव सव्वदुक्खप्पहीणस्स चउरासीइं वाससहस्साइं विइक्कंताइं, पंचासीइमस्स वाससहस्सस्स नव वाससयाइं विइक्कंताइं, दसमस्स य वाससयस्स अयं असीइमे संवच्छरे काले गच्छइ॥१८४॥२२॥ इति श्रीनेमिनाथचरित्रम्॥

१ चित्ताहिं नक्खत्तेणं (क०सु०)।

नमिस्स णं अरहओ कालगयस्स जाव सव्वदुक्खप्पहीणस्स पंच वाससयसहस्साइं चउरासीइं च वाससहस्साइं नव य वाससयाइं विइक्कंताइं, दसमस्स य वाससयस्स अयं असीइमे संवच्छरे काले गच्छइ ॥ १८५ ॥ २१ ॥

मुणिसुव्वयस्स णं अरहओ कालगयस्स इक्कारस वाससयसहस्साइं चउरासीइं च वाससहस्साइं नव वाससयाइं विइक्कंताइं, दसमस्स य वाससयस्स अयं असीइमे संवच्छरे काले गच्छइ ॥ १८६ ॥ २० ॥

मल्लिस्स णं अरहओ जाव सव्वदुक्खप्पहीणस्स पन्नट्ठिं वाससयसहस्साइं चउरासीइं च वाससहस्साइं नव वाससयाइं विइक्कंताइं, दसमस्स य वाससयस्स अयं असीइमे संवच्छरे काले गच्छइ ॥ १८७ ॥ १९ ॥

अरस्स णं अरहओ जाव सव्वदुक्खप्पहीणस्स एगे वासकोडिसहस्से विइक्कंते, सेसं जहा मल्लिस्स, तं च एयं–पंचसट्ठिं लक्खा चउरासीइं सहस्सा विइक्कंता, तंमि समए महा-

वीरो निव्वुओ, तओ पर नव वाससया विइक्कंता दसमस्स य वाससयस्स अयं असीइमे संवच्छरे काले गच्छइ । एवं अग्गओ जाव सेयंसो ताव दट्ठव्वं ॥ १८८ ॥ १८ ॥

कुंथुस्स णं अरहओ जाव सव्वदुक्खप्पहीणस्स एगे चउभागपलिओवमे विइक्कंते पंचसट्ठिं वाससयसहस्सा, सेसं जहा मल्लिस्स ॥ १८९ ॥ १७ ॥

संतिस्स णं अरहओ जाव सव्वदुक्खप्पहीणस्स एगे चउभागूणे पलिओवमे विइक्कंते पन्नट्ठिं च, सेसं जहा मल्लिस्स ॥ १९० ॥ १६ ॥

धम्मस्स णं अरहओ जाव सव्वदुक्खप्पहीणस्स तिण्णि सागरोवमाइं विइक्कंताइं पन्नट्ठिं च, सेसं जहा मल्लिस्स ॥ १९१ ॥ १५ ॥

अणंतस्स णं अरहओ जाव सव्वदुक्खप्पहीणस्स सत्त सागरोवमाइं विइक्कंताइं पन्नट्ठिं च, सेसं जहा मल्लिस्स ॥ १९२ ॥ १४ ॥

विमलस्स णं अरहओ जाव सव्वदुक्खप्पहीणस्स सोलस सागरोवमाइं विइक्कंताइं पन्नट्ठिं च,

सेसं जहा मल्लिस्स॥१९३॥१३॥

वासुपुज्जस्स णं अरहओ जाव सव्वदुक्खप्पहीणस्स छायालीसं सागरोवमाइं विइक्कंताइं पन्नट्ठिं च, सेसं जहा मल्लिस्स ॥ १९४ ॥ १२ ॥

सिज्जंसस्स णं अरहओ जाव सव्वदुक्खप्पहीणस्स एगे सागरोवमसए विइक्कंते पन्नट्ठिं च, सेसं जहा मल्लिस्स॥१९५॥११॥

सीअलस्स णं अरहओ जाव

१० जिनाः अंतरेषु (२१ तः १२ यावत्)

सवदुक्खप्पहीणस्स एगा सागरोवमकोडी तिवासअद्धनवमासाहिअबायालीसवाससहस्सेहिं ऊणिआ विइक्कंता, एयंमि समए वीरो निव्वुओ, तओऽवि य णं परं नव वाससयाइं विइक्कंताइं, दसमस्स य वाससयस्स अयं असीइमे संवच्छरे काले गच्छइ ॥ १९६ ॥ १० ॥

सुविहिस्स णं अरहओ पुप्फदंतस्स जाव सवदुक्खप्पहीणस्स दस सागरोवमकोडीओ विइक्कंताओ, सेसं जहा सीअलस्स, तं च इमं–तिवासअद्धनवमासाहिअबायालीसवाससहस्सेहिं ऊणिआ विइक्कंता इच्चाइ ॥ १९७ ॥ ९ ॥

चंदप्पहस्स णं अरहओ जाव पहीणस्स एगं सागरोवमकोडिसयं विइक्कंतं, सेसं जहा सीअलस्स, तं च इमं–तिवासअद्धनवमासाहियबायालीसवाससहस्सेहिं ऊणगमिच्चाइ ॥१९८॥८॥

सुपासस्स णं अरहओ जाव पहीणस्स एगे सागरोवमकोडिसहस्से विइक्कंते सेसं जहा सीअलस्स, तं च इमं–तिवासअद्धनवमासाहिअबायालीसवाससहस्सेहिं ऊणिआ इच्चाइ ॥ १९९ ॥ ७ ॥

१ ऊणिआइं विइक्कंताइं इच्चाइअं (क० सु०)

श्रीजिना-
नामन्त-
राणि

पउमप्पहस्स णं अरहओ जाव पहीणस्स दस सागरोवम-कोडिसहस्सा विइक्कंता, तिवास-अद्धनवमासाहियबायालीसवास-हस्सेहिं इच्चाइयं, सेसं जहा सीअ-लस्स ॥ २०० ॥ ६ ॥

सुमइस्स णं अरहओ जाव पहीणस्स एगे सागरोवमकोडि-सयसहस्से विइक्कंते, सेसं जहा सीअलस्स, तिवासअद्धनवमासा-हियबायालीसवाससहस्सेहिं इ-च्चाइयं ॥ २०१ ॥ ५ ॥

१० जिनाः अंतरेषु (११ ता: २ यावत्)

अभिनंदणस्स णं अरहओ जाव पहीणस्स दस सागरोवमकोडिसयसहस्सा विइक्कंता, सेसं जहा सीअलस्स तिवासअद्धनवमासाहियबायालीसवाससहस्सेहिं इच्चाइयं ॥ २०२ ॥ ४ ॥

संभवस्स णं अरहओ जाव पहीणस्स वीसं सागरोवमकोडिसयसहस्सा विइक्कंता, सेसं जहा सीअलस्स, तिवासअद्धनवमासाहियबायालीसवाससहस्सेहिं इच्चाइयं ॥ २०३ ॥ ३ ॥

अजियस्स णं अरहओ जाव पहीणस्स पन्नासं सागरोवमकोडिसयसहस्सा विइक्कंता, सेसं जहा सीअलस्स, तं च इमं–तिवासअद्धनवमासाहियबायालीसवाससहस्सेहिं इच्चाइयं ॥ २०४ ॥ २ ॥

॥ इति अन्तराणि ॥

तेणं कालेणं तेणं समएणं उसभे णं अरहा कोसलिए चउउत्तरासाढे अभीइपंचमे हुत्था, तंजहा—उत्तरासाढाहिं चुए चइत्ता गब्भं वक्कंते जाव अभीइणा परिनिव्वुए ॥ २०५[1] ॥ तेणं कालेणं तेणं समएणं उसभे णं अरहा कोसलिए जे से गिम्हाणं चउत्थे मासे सत्तमे पक्खे आसाढबहुले, तस्स णं आसाढबहुलस्स चउत्थीपक्खे णं सव्वट्ठसिद्धाओ महावि-

१ २०४ कि० सु० । एतत्सूत्रं किरणावल्यां सुबोधिकायां च चतुरधिकद्विशततमत्वेन पञ्चाधिकद्विशततमत्वेन च द्विधा विभक्तम् ।

श्रीआदिनाथः

श्रीआदिनाथमातुः स्वप्नाः

माणाओ तित्तीसं सागरोवमट्ठिइआओ अणंतरं चयं चइत्ता इहेव जंबुद्दीवे दीवे भारहे वासे इक्खागभूमीए नाभिस्स कुलगरस्स मरुदेवीए भारिआए पुव्वरत्तावरत्तकालसमयंसि आहारवक्कंतीए जाव गब्भत्ताए वक्कंते ॥ २०६ ॥ उसभे णं अरहा कोसलिए तिन्नाणोवगए आविहुत्था, तंजहा—चइस्सामित्ति जाणइ जाव सुमिणे पासइ, तंजहा—गयवसह० गाहा। सव्वं तहेव, नवरं पढमं उसभं मुहेणं अइंतं पासइ, सेसाओ गयं। नाभिकुलगरस्स साहेइ, सुविणपाढगा नत्थि,

1 मरुदेवाए (क०कि०,क०सु०)। 2 साहेइ (क०कि०,क०सु०)।

नाभिकुलगरो सयमेव वागरेइ ॥ २०७ ॥
तेणं कालेणं तेणं समएणं उसभे णं अरहा
कोसलिए जे से गिम्हाणं पढमे मासे पढमे
पक्खे चित्तबहुले तस्स णं चित्तबहुलस्स
अट्ठमीपक्खे णं नवण्हं मासाणं बहुपडिपु-
ण्णाणं अद्धट्ठमाणं राइंदियाणं जाव आसा-
ढाहिं नक्खत्तेणं जोगमुवागएणं जाव आ-
रोग्गा आरोग्गं दारयं पयाया ॥ २०८ ॥ तं
चेव सव्वं, जाव देवा देवीओ य वसुहारवासं
वासिंसु, सेसं तहेव चारगसोहणमाणु-
म्माणवड्ढणउस्सुक्कमाइयट्ठिइवडियजूयवज्जं

श्रीआदिनाथजन्म.

श्रीऋष-
भस्य जन्म

शक्रकृता नमुत्थुणंस्तुतिः

श्रीआदिनाथाभिषेकः

सव्वं भाणिअव्वं ॥ २०९ ॥ उसभे णं अरहा कोसलिए कासवगुत्ते णं, तस्स णं पंच नामधिज्जा एवमाहिज्जंति, तंजहा-उसभे इ वा, पढमराया इ वा, पढमभिक्खायरे इ वा, पढमजिणे इ वा, पढमतित्थयरे इ वा ॥ २१० ॥

उसभे णं अरहा कोसलिए दक्खे दक्खपइण्णे पडिरूवे अल्लीणे भद्दए विणीए वीसं पुव्वसयसहस्साइं कुमारवासमज्झे वसइ, वसित्ता तेवट्ठिं पुव्वसयसहस्साइं रज्जवासमज्झे वसइ, तेवट्ठिं च पुव्वसयसहस्साइं रज्जवासमज्झे वसमाणे लेहाइआओ गणियप्पहाणाओ सउणरु-

श्रीआदीश्वरराज्याभिषेकः

श्रीऋषभस्य नामादि

श्रीआदिनाथराज्यारोहणं.

यपज्जवसाणाओ बावत्तरिं कलाओ चउसट्ठिं महिलागुणे सिप्पसयं च कम्माणं, तिन्निऽवि पयाहिआए उवदिसइ, उवदिसित्ता पुत्तसयं रज्जसए अभिसिंचइ, अभिसिंचित्ता पुणरवि लोअंतिएहिं जीअकप्पिएहिं देवेहिं ताहिं इट्ठाहिं जाव वग्गूहिं, सेसं तं चेव सव्वं भाणिअव्वं, जाव दाणं दाइआणं परिभाइत्ता जे से गिम्हाणं पढमे मासे पढमे पक्खे चित्तबहुले, तस्स णं चित्तबहुलस्स अट्ठमीपक्खे णं दिवसस्स पच्छिमे भागे सुदंसणाए सीयाए सदेवम-

णुआसुराए परिसाए समणुगम्ममाणमग्गे जाव विणीयं रायहाणिं मज्झंमज्झेणं णिग्गच्छइ, णिग्गच्छित्ता जेणेव सिद्धत्थवणे उज्जाणे जेणेव असोगवरपायवे तेणेव उवागच्छइ, उवागच्छित्ता असोगवरपायवस्स अहे जाव सयमेव चउमुट्ठिअं लोअं करेइ, करित्ता छट्ठेणं भत्तेणं अपाणएणं आसाढाहिं नक्खत्तेणं जोगमुवागएणं उग्गाणं भोगाणं राइण्णाणं खत्तियाणं च चउहिं पुरिससहस्सेहिं सद्धिं एगं देवदूसमादाय मुंडे भवित्ता अगाराओ अणगारियं पव्वइए॥२११॥

श्रीआदिनाथसांवत्सरिकदानं.

श्रीऋषभस्य दीक्षा

श्रीआदिनाथदीक्षामहोत्सवः.

श्रीआदिनाथदीक्षा.

उसभे णं अरहा कोसलिए एगं वाससहस्सं निच्चं वोसट्ठकाए चियत्तदेहे जे केइ उवसग्गा जाव अप्पाणं भावेमाणस्स इक्कं वाससहस्सं विइक्कंतं, तओ णं जे से हेमंताणं चउत्थे मासे सत्तमे पक्खे फग्गुणवहुले, तस्स णं फग्गुणवहुलस्स इक्कारसीपक्खेणं पुव्वण्हकालसमयंसि पुरिमतालस्स नयरस्स वहिआ सगडमुहंसि उज्जाणंसि नग्गोहवरपायवस्स अहे अट्ठमेणं भत्तेणं अपाणएणं आसाढाहिं नक्खत्तेणं जोगमुवागएणं झाणंतरिआए वट्टमाणस्स अणंते जाव जाणमाणे पासमाणे विहरइ ॥ २१२ ॥

श्रीआदिनाथसमवसरणं.

श्रीऋषभस्य केवलं

श्रीआदिनाथस्य ८४ एतादृशा गणधराः

उसभस्स णं अरहओ कोसलिअस्स चउरासीई गणा, चउरासीई गणहरा हुत्था ॥ २१३ ॥ उसभस्स णं अरहओ कोसलिअस्स उसभसेणपामुक्खाणं चउरासीइओ समणसाहस्सीओ उक्कोसिया समणसंपया हुत्था ॥ २१४ ॥ उसभस्स णं अरहओ कोसलिअस्स बंभीसुंदरी-पामुक्खाणं अज्जियाणं तिण्णि सयसाहस्सीओ उक्कोसिया अज्जियासंपया हुत्था ॥ २१५ ॥ उसभस्स णं अरहओ कोसलिअस्स सिज्जंसपामुक्खाणं समणोवासगाणं तिण्णि सयसाहस्सीओ पंच सहस्सा उक्कोसिया समणोवासगसंपया हुत्था ॥ २१६ ॥ उसभस्स णं अरहओ कोसलिअस्स सुभद्दापामुक्खाणं समणोवासियाणं पंच सयसाहस्सीओ चउपण्णं च सहस्सा उक्कोसिया समणोवासियाणं संपया हुत्था ॥ २१७ ॥ उसभस्स णं अरहओ कोसलिअस्स चत्तारि सहस्सा सत्त सया पण्णासा चउद्दसपुव्वीणं अजिणाणं जिणसंकासाणं जाव उक्कोसिया चउद्दसपुव्विसंपया हुत्था ॥ २१८ ॥ उसभस्स णं अरहओ कोसलिअस्स नव सहस्सा ओहिनाणीणं० उक्कोसिया समणसंपया हुत्था ॥ २१९ ॥ उसभस्स णं अरहओ

श्रीऋषभस्य परिवारः

कोसलिअस्स वीस सहस्सा केवलनाणीणं० उक्कोसिया केवलनाणि संपया हुत्था ॥ २२० ॥ उसभस्स णं अरहओ कोसलिअस्स वीस सहस्सा छच्च सया वेउव्वियाणं० उक्कोसिया समणसंपया हुत्था ॥ २२१ ॥ उसभस्स णं अरहओ कोसलिअस्स वारस सहस्सा छच्च सया पण्णासा विउलमईणं अड्ढाइज्जेसु दीवसमुद्देसु[1] सन्नीणं पंचिंदियाणं पज्जत्तगाणं मणोगए भावे जाणमाणाणं पासमाणाणं उक्कोसिआ विउलमइसंपया हुत्था ॥ २२२ ॥ उसभस्स णं अरहओ कोसलिअस्स वारस सहस्सा छच्च सया पण्णासा वाईणं० संपया हुत्था ॥ २२३ ॥ उसभस्स णं अरहओ कोसलिअस्स वीसं अंतेवासिसहस्सा सिद्धा, चत्तालीसं अज्जियासाहस्सीओ[2] सिद्धाओ ॥ २२४ ॥ उसभस्स णं अरहओ कोसलिअस्स बावीस सहस्सा नव सया अणुत्तरोववाइयाणं गइकल्लाणाणं जाव भद्दाणं उक्कोसिआ० संपया हुत्था ॥ २२५ ॥ उसभस्स णं अरहओ कोसलिअस्स दुविहा अंतगडभूमी हुत्था, तंजहा—जुगंतगडभूमी य परियायंतगडभूमी य, जाव असंखिज्जाओ पुरिसजुगाओ

१ दीवेसु दोसु अ समुद्देसु (क० कि, क० सु०)। २ सहस्साओ (क० सु०, क० कि०)।

जुगंतगडभूमी, अंतोमुहुत्तपरिआए अंतमकासी ॥ २२६ ॥ तेणं कालेणं तेणं समएणं उसभे णं अरहा कोसलिए वीसं पुव्वसयसहस्साइं कुमारवासमज्झे वसित्ताणं तेवट्ठिं पुव्वसयसहस्साइं रज्जवासमज्झे वसित्ताणं तेसीइं पुव्वसयसहस्साइं अगारवासमज्झे वसित्ताणं एगं वाससहस्सं छउमत्थपरिआयं पाउणित्ता एगं पुव्वसयसहस्सं वाससहस्सूणं केवलिपरिआयं पाउणित्ता पडिपुण्णं पुव्वसयसहस्सं सामण्णपरियागं पाउणित्ता चउरासीइं पुव्वसयसहस्साइं सव्वाउयं पालइत्ता खीणे वेयणिज्जाउयनामगुत्ते इमीसे ओसप्पिणीए सुसमदूसमाए समाए बहुविइक्कंताए तीहिं वासेहिं अद्धनवमेहि य मासेहिं सेसेहिं जे से हेमंताणं तच्चे मासे पंचमे पक्खे माहबहुले, तस्स णं माहबहुलस्स (ग्रं० ९००) तेरसीपक्खे णं उप्पिं अट्ठावयसेलसिहरंसि दसहिं अणगारसहस्सेहिं सद्धिं चोद्दसमेणं भत्तेणं अपाणएणं अभीइणा नक्खत्तेणं जोगमुवागएणं पुव्वण्हकालसमयंसि संपलियंकनिसण्णे कालगए विइक्कंते जाव सव्वदुक्खप्पहीणे ॥ २२७ ॥

श्रीआदिनाथनिर्वाणं

1 संपुण्णं (क० कि०)।

श्रीआदिनाथनिर्वाणं.

उसभस्स णं अरहओ कोसलियस्स कालगयस्स जाव सव्वदुक्खप्पहीणस्स तिण्णि वासा अद्धनवमा य मासा विइक्कंता, तओऽवि परं एगा सागरोवमकोडाकोडी तिवासअद्धनवमासाहियबायालीसाए वाससहस्सेहिं ऊणिया विइक्कंता, एयंमि समए समणे भगवं महावीरे परिनिव्वुडे, तओऽवि परं नव वाससया विइक्कंता, दसमस्स य वाससयस्स अयं असीइमे संवच्छरे काले गच्छइ ॥२२८

॥ इति श्रीऋषभचरित्रं, प्रथमं वाच्यं च ॥

तेणं कालेणं तेणं समएणं समणस्स भगवओ महावीरस्स नव गणा, इक्कारस गणहरा हुत्था ॥ १ ॥ से केणट्ठेणं भंते ! एवं वुच्चइ—समणस्स भगवओ महावीरस्स नव गणा, इक्कारस गणहरा हुत्था ? ॥ २ ॥ समणस्स भगवओ महावीरस्स जिट्ठे इंदभूई अणगारे गोयमगुत्ते णं पंच समणसयाइं वाएइ, मज्झिमए अग्गिभूई अणगारे गोयमगुत्ते णं पंच समणसयाइं वाएइ, कणीअसे अणगारे वाउभूई गोयमगुत्ते णं पंच समणसयाइं

१ गोयमसगोत्तेणं (क०कि०,क०सु०)। २ नामेणं(क०कि०)।

गणधरपर्षद्.

श्रीवीरस्य गणगण-धरसंख्या

११ गणधराणां स्वरूपं

वाएइ, थेरे अज्जवियत्ते भारद्दाए गुत्तेणं पंच समणसयाइं वाएइ, थेरे अज्जसुहम्मे
अग्गिवेसायणे गुत्तेणं पंच समणसयाइं वाएइ, थेरे मंडियपुत्ते वासिट्ठे गुत्तेणं अद्धुट्ठाइं
समणसयाइं वाएइ, थेरे मोरिअपुत्ते कासवे गुत्तेणं अद्धुट्ठाइं समणसयाइं वाएइ, थेरे अकं-
पिए गोयमे गुत्तेणं–थेरे अयलभाया हारिआयणे गुत्तेणं, पत्तेयं एते दुण्णिवि थेरा तिण्णि
तिण्णि समणसयाइं वाएंति, थेरे अज्जमेइज्जे–थेरे अज्जपभासे, एए दुण्णिवि थेरा कोडिन्ना-
गुत्तेणं तिण्णि तिण्णि समणसयाइं वाएंति। से तेणट्ठेणं अज्जो! एवं वुच्चइ–समणस्स
भगवओ महावीरस्स नव गणा, इक्कारस गणहरा हुत्था ॥ ३ ॥ सव्वेऽवि णं एते समणस्स
भगवओ महावीरस्स एक्कारसवि[2] गणहरा दुवालसंगिणो चउदसपुव्विणो समत्तगणिपिडग-
धारगा रायगिहे नगरे मासिएणं भत्तेणं अपाणएणं कालगया जाव सव्वदुक्खप्पहीणा ॥
थेरे इंदभूई थेरे अज्जसुहम्मे य सिद्धिगए महावीरे पच्छा दुण्णिवि थेरा परिनिव्वुया, जे ॥ ६२ ॥
इमे अज्जत्ताए समणा निग्गंथा विहरंति एए णं सव्वे अज्जसुहम्मस्स अणगारस्स आव-

१ गोयमसगुत्तेणं (क० कि०, क० सु०)। २ इक्कारस (क० कि०, क० सु०)।

च्छिन्ना, अवसेसा गणहरा निरवच्चा वुच्छिन्ना ॥ ४ ॥ समणे भगवं महावीरे कासवगुत्ते णं। समणस्स णं भगवओ महावीरस्स कासवगुत्तस्स अज्जसुहम्मे थेरे अंतेवासी अग्गिवेसायणगुत्ते १, थेरस्स णं अज्जसुहम्मस्स अग्गिवेसायणगुत्तस्स अज्जजंबूनामे थेरे अंतेवासी कासवगुत्तेणं २, थेरस्स णं अज्जजंबूणामस्स कासवगुत्तस्स अज्जप्पभवे थेरे अंतेवासी कच्चायणसगुत्ते ३, थेरस्स णं अज्जप्पभवस्स कच्चायणसगुत्तस्स अज्जसिज्जंभवे थेरे अंतेवासी मणगपिया वच्छसगुत्ते ४, थेरस्स णं अज्जसिज्जंभवस्स मणगपिउणो वच्छसगुत्तस्स अज्जजसभद्दे थेरे अंतेवासी तुंगियायणसगुत्ते ५ ॥५॥ संखित्तवायणाए अज्जजसभद्दाओ अग्गओ एवं थेरावली भणिया, तंजहा–थेरस्स णं अज्जजसभद्दस्स तुंगियायणसगुत्तस्स अंतेवासी दुवे थेरा–थेरे अज्जसंभूओविजए माढरसगुत्ते, थेरे अज्जभद्दबाहू पाईणसगुत्ते ६, थेरस्स णं अज्जसंभूअविजयस्स माढरसगुत्तस्स अंतेवासी थेरे अज्जथूलभद्दे गोयमसगुत्ते ७, थेरस्स णं अज्जथूलभद्दस्स गोयमसगुत्तस्स अंतेवासी दुवे थेरा–थेरे अज्जमहागिरी एलावच्चसगुत्ते,

श्रीसुधर्मणः आर्यमहागिरयः

१ इ कि

थेरे अज्जसुहत्थी वासिट्ठसगुत्ते ८, थेरस्स णं अज्जसुहत्थिस्स वासिट्ठसगुत्तस्स अंतेवासी दुवे थेरा-सुट्ठियसुप्पडिवुद्धा कोडियकाकंदगा वग्घावच्चसगुत्ता ९, थेराणं सुट्ठियसुप्पडिवुद्धाणं कोडियकाकंदगाणं वग्घावच्चसगुत्ताणं अंतेवासी थेरे अज्जइंददिन्ने कोसियगुत्ते १०, थेरस्स णं अज्जइंददिन्नस्स कोसियगुत्तस्स अंतेवासी थेरे अज्जदिन्ने गोयमसगुत्ते ११, थेरस्स णं अज्जदिन्नस्स गोयमसगुत्तस्स अंतेवासी थेरे अज्जसीहगिरी जाइस्सरे कोसियगुत्ते १२, थेरस्स णं अज्जसीहगिरिस्स जाइस्सरस्स कोसियगुत्तस्स अंतेवासी थेरे अज्जवइरे गोयमसगुत्ते १३, थेरस्स णं अज्जवइरस्स गोयमसगुत्तस्स अंतेवासी थेरे अज्जवइरसेणे उक्कोसियगुत्ते १४, थेरस्स णं अज्जवइरसेणस्स उक्कोसिअगुत्तस्स अंतेवासी चत्तारि थेरा-थेरे अज्जनाइले १ थेरे अज्जपोमिले २ थेरे अज्जजयंते ३ थेरे अज्जतावसे ४, १५, थेराओ अज्जनाइलाओ अज्जनाइला साहा निग्गया, थेराओ अज्जपोमिलाओ अज्जपोमिला साहा निग्गया, थेराओ अज्जजयंताओ अज्जजयंती साहा निग्गया, थेराओ अज्जतावसाओ अज्जतावसी साहा निग्गया ४ इति

स्थविराव०

श्रीसुहस्ति-
तः ताप-
सी शाखा

॥ ६ ॥ वित्थरवायणाए पुण अज्जजसभद्दाओ पुरओ थेरावली एवं पलोइज्जइ, तंजहा—थेरस्स णं अज्जजसभद्दस्स तुंगियायणसगुत्तस्स इमे दो थेरा अंतेवासी अहावच्चा अभिण्णाया हुत्था, तंजहा—थेरे अज्जभद्दबाहू पाईणसगुत्ते, थेरे अज्जसंभूअविजए माढरसगुत्ते, थेरस्स णं अज्जभद्दबाहुस्स पाईणसगुत्तस्स इमे चत्तारि थेरा अंतेवासी अहावच्चा अभिण्णाया हुत्था, तंजहा—थेरे गोदासे १ थेरे अग्गिदत्ते २ थेरे जण्णदत्ते ३ थेरे सोमदत्ते ४ कासवगुत्तेणं, थेरेहिंतो गोदासेहिंतो कासवगुत्तेहिंतो इत्थ णं गोदास[2]गणे नामं गणे निग्गए, तस्स णं इमाओ चत्तारि साहाओ एवमाहिज्जंति, तंजहा—तामलित्तिया १, कोडीवरिसिया २, पंडु[3]वद्धणिया ३, दासीखब्बडिया ४, थेरस्स णं अज्जसंभूयँ[4]विजयस्स माढरसगुत्तस्स इमे दुवालस थेरा अंतेवासी अहावच्चा अभिण्णाया हुत्था, तंजहा—नंदणभद्दु १ वनंदण-भद्दे २ तह तीसभद्द ३ जसभद्दे ४ । थेरे य सुमणभद्दे[5] ५, मणिभद्दे[6] ६ पुण्णभद्दे ७ य

गोदासाद्या गणाः ताम्रलिप्त्याद्याः शाखाः

---

१ विलोइज्जइ (क०कि०)। २ से कि०। ३ पोंडवद्धणिआ (क०कि०)। ४ इ कि०। ५ सुमिणभद्दे (क०कि०, क०सु०)। ६ गणिभद्दे (क० कि० क० सु०)।

कूपसर्पसिंहवेश्यास्थानेषु चातुर्मासिकानि.

रथिककला कोशानृत्यं च.

॥ १ ॥ थेरे अ थूलभद्दे ८, उज्जुमई ९ जंबुनामधिज्जे १० य। थेरे अ दीहभद्दे ११, थेरे तह पंडुभद्दे १२ य ॥ २ ॥ थेरस्स णं अज्जसंभूअविजयस्स माढरसगुत्तस्स इमाओ सत्त अंतेवासिणीओ अहावच्चाओ अभिण्णायाओ हुत्था, तंजहा–
जक्खा १ य जक्खदिण्णा २, भूया ३ तह चेव भूयदिण्णा य ४। सेणा ५ वेणा ६ रेणा ७, भइणीओ थूलभद्दस्स ॥ १ ॥ थेरस्स णं अज्जथूलभद्दस्स गोयमसगुत्तस्स इमे दो थेरा अंतेवासी अहावच्चा अभिण्णाया हुत्था, तंजहा–थेरे अज्जमहागिरी एलावच्चसगुत्ते १, थेरे अज्जसुहत्थी

स्थूलिभद्रस्य सप्त भगिन्यः

यक्षाद्याः सप्त

वासिट्ठसगुत्ते २, थेरस्स णं अज्जमहागिरिस्स एलावच्चसगुत्तस्स इमे अट्ठ थेरा अंतेवासी अहावच्चा अभिण्णाया हुत्था, तंजहा–थेरे उत्तरे १, थेरे वलिस्सहे २, थेरे धणड्ढे ३, थेरे सिरिड्ढे ४, थेरे कोडिन्ने ५, थेरे नागे ६, थेरे नागमित्ते ७, थेरे छलूए रोहगुत्ते कोसियगुत्तेणं ८, थेरेहिंतो णं छलूएहिंतो रोहगुत्तेहिंतो कोसियगुत्तेहिंतो तत्थ णं तेरासिया निग्गया। थेरेहिंतो णं उत्तरबलिस्सहेहिंतो तत्थ णं उत्तरबलिस्सहे नामं गणे निग्गए, तस्स णं इमाओ चत्तारि साहाओ एवमाहिज्जंति, तंजहा–कोसंबिया १, सोइत्तिया २, कोडंवाणी ३, चंदनागरी ४, थेरस्स णं अज्जसुहत्थिस्स वासिट्ठसगुत्तस्स इमे दुवालस थेरा अंतेवासी अहावच्चा अभिण्णाया हुत्था, तंजहा–थेरे अ अज्जरोहण १, जसभद्दे २ मेहगणी ३ य कामिड्ढी ४। सुट्ठिय ५ सुप्पडिबुद्धे ६, रक्खिय ७ तह रोहगुत्ते ८ अ ॥ १ ॥ इसिगुत्ते ९ सिरिगुत्ते १०, गणी अ बंभे ११ गणी य तह सोमे १२। दस दो य गणहरा खलु, एए सीसा सुहत्थिस्स ॥ २ ॥ थेरेहिंतो णं अज्जरोहणेहिंतो णं कासवगुत्तेहिंतो णं

१ सुत्तिवत्तिआ (क० कि०, क० सु०)। २ भद्दजसे. कि० सु०।

स्थविराव०

त्रैराशिकाः कौशाम्बीकाद्याः

तत्थ णं उद्देहगणे नामं गणे निग्गए, तस्सिमाओ चत्तारि साहाओ निग्गयाओ, छच्च कुलाइं एवमाहिज्जंति । से किं तं साहाओ ?, साहाओ एवमाहिज्जंति, तंजहा—उदुंबरिज्जिया १, मासपूरिआ २, मइपत्तिया ३, पुण्णपत्तिया[1] ४, से तं साहाओ, से किं तं कुलाइं ?, कुलाइं एवमाहिज्जंति, तंजहा—पढमं च नागभूयं, बिइयं पुण सोमभूइयं होइ । अह उल्लगच्छ तइअं ३, चउत्थयं हत्थलिज्जं तु ॥ १ ॥ पंचमगं नंदिज्जं ५, छट्ठं पुण पारिहासयं ६ होइ । उद्देहगणस्सेए, छच्च कुला हुंति नायव्वा ॥ २ ॥ थेरेहिंतो णं सिरिगुत्तेहिंतो हारियसगुत्तेहिंतो इत्थ णं चारणगणे नामं गणे निग्गए, तस्स णं इमाओ चत्तारि साहाओ, सत्त य कुलाइं एवमाहिज्जंति, से किं तं साहाओ ?, साहाओ एवमाहिज्जंति, तंजहा—हारियमालागारी १, संकासीआ २, गवेधुया ३, वज्जनागरी ४, से तं साहाओ, से किं तं कुलाइं ?, कुलाइं एवमाहिज्जंति, तंजहा—पढमित्थ वत्थलिज्जं १, बीयं पुण पीइधम्मिअं २ होइ । तइअं पुण हालिज्जं ३, चउत्थयं पूसमित्तिज्जं ॥ १ ॥ पंचमगं मालिज्जं ५, छट्ठं पुण अज्ज-

उद्देहाख्यगणः औदुम्बरिकाद्याः शाखाः

[1] पण्णपत्तिआ (क० कि, क० सु०) ।

वेडयं ६ होइ। सत्तमयं कण्हसहं ७, सत्त कुला चारणगणस्स ॥ २ ॥ थेरेहिंतो भद्दजसेहिंतो भारद्दायसगुत्तेहिंतो इत्थ णं उडुवाडियगणे नामं गणे निग्गए, तस्स णं इमाओ चत्तारि साहाओ तिण्णि कुलाइं एवमाहिज्जंति, से किं तं साहाओ ?, साहाओ एवमाहिज्जंति, तंजहा–चंपिज्जिया १ भद्दिज्जिया २ काकंदिया ३ मेहलिज्जिया ४, से तं साहाओ, से किं तं कुलाइं ?, कुलाइं एवमाहिज्जंति, तंजहा–भद्दजसियं १ तह भद्दगुत्तियं २ तइयं च होइ जसभद्दं ३। एयाइं उडुवाडियगणस्स तिण्णेव य कुलाइं ॥ १ ॥ थेरेहिंतो णं कामिड्ढीहिंतो कोडालसगुत्तेहिंतो इत्थ णं वेसवाडियगणे नामं गणे निग्गए, तस्स णं इमाओ चत्तारि साहाओ चत्तारि कुलाइं एवमाहिज्जंति। से किं तं साहाओ ?, साहाओ एवमाहिज्जंति तंजहा–सावत्थिया १, रज्जपालिआ २, अंतरिज्जिया ३, खेमलिज्जिया ४, से तं साहाओ, से किं तं कुलाइं ?, कुलाइं एवमाहिज्जंति, तंजहा–गणियं १ मेहियं[2] २ कामिड्ढिअं ३ च तह होइ इंदपुरगं ४ च। एयाइं वेसवाडियगणस्स चत्तारि उ कुलाइं ॥ १ ॥

ऋतुपालिकाद्या गणाः चांपायिकाद्याश्च शाखाः

१ लि कि०। २ ढलि कि०।

थेरेहिंतो णं इसिगुत्तेहिंतो काकंदएहिंतो वासिट्ठसगुत्तेहिंतो इत्थ णं माणवगणे नामं गणे निग्गए, तस्स णं इमाओ चत्तारि साहाओ तिण्णि य कुलाइं एवमाहिज्जंति, से किं तं साहाओ ?, साहाओ एवमाहिज्जंति, तंजहा—कासवज्जिया १ गोयमज्जिया २ वासिट्ठिया ३ सोरट्ठिया ४। से तं साहाओ, से किं तं कुलाइं ?, कुलाइं एवमाहिज्जंति, तंजहा—इसिगुत्ति इत्थ पढमं १, बीयं इसिदत्तिअं मुणेयव्वं २। तइयं च अभिजयंतं ३, तिण्णि कुला माणवगणस्स ॥ ॥ १ ॥ थेरेहिंतो सुट्ठिय—सुप्पडिबुद्धेहिंतो कोडियकाकंदएहिंतो वग्घावच्चसगुत्तेहिंतो इत्थ णं कोडियगणे नामं गणे निग्गए, तस्स णं इमाओ चत्तारि साहाओ, चत्तारि कुलाइं एवमाहिज्जंति। से किं तं साहाओ ?, साहाओ एवमाहिज्जंति, तंजहा—उच्चानागरि १ विज्जाहरी य २ वइरी य ३ मज्झिमिल्ला ४ य। कोडियगणस्स एया, हवंति चत्तारि साहाओ ॥ १ ॥ से तं साहाओ, से किं तं कुलाइं ?, कुलाइं एवमाहिज्जंति, तंजहा—पढमित्थ बंभलिज्जं १, बिइयं नामेण वत्थलिज्जं तु २। तइयं पुण वाणिज्जं ३, चउत्थयं पण्ह-

माणवाद्या गणाः काश्यपार्यिकाद्याश्च शाखा

वाहणयं ४ ॥ १ ॥ थेराणं सुट्ठियसुप्पडिबुद्धाणं कोडियकाकंदयाणं वग्घावच्चसगुत्ताणं इमे पंच थेरा अंतेवासी अहावच्चा अभिण्णाया हुत्था, तंजहा—थेरे अज्जइंददिन्ने १ थेरे पियगंथे २ थेरे विज्जाहरगोवाले कासवगुत्ते णं ३ थेरे इसिदिन्ने[1] ४ थेरे अरिहदत्ते ५। थेरेहिंतो णं पियगंथेहिंतो एत्थ णं मज्झिमा साहा निग्गया, थेरेहिंतो णं विज्जाहरगोवालेहिंतो कासवगुत्तेहिंतो एत्थ णं विज्जाहरी साहा निग्गया। थेरस्स णं अज्जइंददिन्नस्स कासवगुत्तस्स अज्जदिन्ने थेरे अंतेवासी गोयमसगुत्ते। थेरस्स णं अज्जदिन्नस्स गोयमसगुत्तस्स इमे दो थेरा अंतेवासी अहावच्चा अभिण्णाया हुत्था, तंजहा—थेरे अज्जसंतिसेणिए माढरसगुत्ते १, थेरे अज्जसीहगिरी जाइस्सरे कोसियगुत्ते २। थेरेहिंतो णं अज्जसंतिसेणिएहिंतो माढरसगुत्तेहिंतो एत्थ णं उच्चानागरी साहा निग्गया। थेरस्स णं अज्जसंतिसेणियस्स माढरसगुत्तस्स इमे चत्तारि थेरा अंतेवासी अहावच्चा अभिण्णाया हुत्था, तंजहा—(ग्रं० १०००) थेरे अज्जसेणिए १ थेरे अज्जतावसे २ थेरे अज्जकुबेरे ३ थेरे अज्जइसिपालिए ४। थेरेहिंतो णं अज्जसे-

सुस्थिताद्याः सूरयः मध्यमाद्याश्च शाखाः

१ इसिदत्ते (क० सु०, क० कि०)।

णिएहिंतो एत्थ णं अज्जसेणिया साहा निग्गया, थेरेहिंतो णं अज्जतावसेहिंतो एत्थ णं अज्जतावसी साहा निग्गया, थेरेहिंतो णं अज्जकुबेरेहिंतो एत्थ णं अज्जकुबेरा साहा निग्गया, थेरेहिंतो णं अज्जइसिपालिएहिंतो एत्थ णं अज्जइसिपालिया साहा निग्गया। थेरस्स णं अज्जसीहगिरिस्स जाइस्सरस्स कोसियगुत्तस्स इमे चत्तारि थेरा अंतेवासी अहावच्चा अभिण्णाया हुत्था, तंजहा–थेरे धणगिरी १ थेरे अज्जवइरे २ थेरे अज्जसमिए ३ थेरे अरिहदिन्ने ४। थेरेहिंतो णं अज्जसमिएहिंतो गोयमसगुत्तेहिंतो इत्थ णं बंभदीविया साहा निग्गया, थेरेहिंतो णं

१ अज्जकुबेरा (क० कि०)।

वज्रस्वामिनः पालनं.

आर्यश्रेणिकाद्याः शाखाः

अज्जवइरेहिंतो गोयमसगुत्तेहिंतो इत्थ णं अज्जवइरी साहा निग्गया। थेरस्स णं अज्जव-इरस्स गोयमसगुत्तस्स इमे तिण्णि थेरा अंतेवासी अहावच्चा अभिण्णाया हुत्था, तंजहा—थेरे अज्जवइरसेणे १ थेरे अज्जपउमे २ थेरे अज्जरहे ३। थेरेहिंतो णं अज्जवइरसेणेहिंतो इत्थ णं अज्जनाइली साहा निग्गया, थेरेहिंतो णं अज्जपउमेहिंतो इत्थ णं अज्जपउमा साहा निग्गया, थेरेहिंतो णं अज्जरहेहिंतो इत्थ णं अज्जजयंतीसाहा निग्गया। थेरस्स णं अज्जर-हस्स वच्छसगुत्तस्स अज्जपूसगिरी थेरे अंतेवासी कोसियगुत्ते १६। थेरस्स णं अज्जपूसगिरिस्स कोसियगुत्तस्स अज्जफग्गुमित्ते थेरे अंतेवासी गोयमसगुत्ते १७। थेरस्स णं अज्जफग्गुमित्तस्स गोयमसगुत्तस्स अज्जधणगिरी थेरे अंतेवासी वासिट्ठसगुत्ते १८। थेरस्स णं अज्जधणगिरिस्स वासिट्ठसगुत्तस्स अज्जसिवभूई थेरे अंतेवासी कुच्छसगुत्ते १९। थेरस्स णं अज्जसिवभूइस्स कुच्छसगुत्तस्स अज्जभद्दे थेरे अंतेवासी कासवगुत्ते २०। थेरस्स णं अज्जभद्दस्स कासवगुत्तस्स अज्जनक्खत्ते थेरे अंतेवासी कासवगुत्ते २१। थेरस्स णं अज्जनक्खत्तस्स कासवगुत्तस्स अज्जरक्खे

थेरे अंतेवासी कासवगुत्ते २२। थेरस्स णं अज्जरक्खस्स कासवगुत्तस्स अज्जनागे थेरे अंतेवासी गोअमसगुत्ते २३। थेरस्स णं अज्जनागस्स गोअमसगुत्तस्स अज्जजेहिल्ले थेरे अंतेवासी वासिट्ठसगुत्ते २४। थेरस्स णं अज्जजेहिल्लस्स वासिट्ठसगुत्तस्स अज्जविण्हू थेरे अंतेवासी माढरसगुत्ते २५। थेरस्स णं अज्जविण्हुस्स माढरसगुत्तस्स अज्जकालए थेरे अंतेवासी गोयमसगुत्ते २६। थेरस्स णं अज्जकालयस्स गोयमसगुत्तस्स इमे दो[1] थेरा अंतेवासी गोयमसगुत्ता–थेरे अज्जसंपलिए १, थेरे अज्जभद्दे २, २७। एएसि णं दुण्हवि थेराणं गोयमसगुत्ताणं अज्जवुड्ढे थेरे अंतेवासी गोयमसगुत्ते २८। थेरस्स णं अज्जवुड्ढस्स गोयमसगुत्तस्स अज्जसंघपालिए थेरे अंतेवासी गोयमसगुत्ते २९। थेरस्स णं अज्जसंघपालिअस्स गोयमसगुत्तस्स अज्जहत्थी थेरे अंतेवासी कासवगुत्ते ३०। थेरस्स णं अज्जहत्थिस्स कासवगुत्तस्स अज्जधम्मे थेरे अंतेवासी सावय[2]गुत्ते ३१। थेरस्स णं अज्जधम्मस्स सावयगुत्तस्स अज्जसिंहे थेरे अंतेवासी कासवगुत्ते ३२। थेरस्स णं अज्जसिंहस्स कासवगुत्तस्स अज्जधम्मे थेरे अंतेवासी कासवगुत्ते ३३। थेरस्स णं अज्जधम्मस्स

---

१ दुवे (क० कि०, क० सु०)। २ सुव्वय सु०।

पद्यैः फल्गुमित्रादिदेवर्द्धन्तानां नतिः

कासवगुत्तस्स अज्जसंडिल्ले थेरे अंतेवासी ३४॥ वंदामि फग्गुमित्तं च गोयमं १७ धणगिरिं च वासिट्ठं १८। कुच्छं सिवभूइंपिय १९, कोसिय दुज्जंतकण्हे अ (?)॥१॥ [1]ते वंदिऊण सिरसा, भद्दं वंदामि [2]कासवसगुत्तं २०। नक्खं कासवगुत्तं २१, रक्खंपिय कासवं वंदे २२ ॥२॥ वंदामि अज्जनागं २३ च गोयमं जेहिलं च वासिट्ठं २४। विण्हुं माढरगुत्तं २५, कालगमवि गोयमं वंदे २६॥३॥ गोयमगुत्तकुमारं, संपलियं तहय भद्दयं वंदे २७। थेरं च अज्जवुड्ढं, गोयमगुत्तं नमंसामि २८॥४॥ तं वंदिऊण सिरसा, थिरसत्तचरित्तनाणसंपन्नं। थेरं च संघवालिय, गो[3]यमगुत्तं पणिवयामि २९ ॥५॥ वंदामि अज्जहत्थिं च कासवं खंतिसागरं धीरं। गिम्हाण पढममासे, कालगयं चेव सुद्धस्स ३० ॥ ६ ॥ वंदामि अज्जधम्मं च सुव्वयं सीललद्धिसंपन्नं। जस्स निक्खमणे देवो, छत्तं वरमुत्तमं वहइ ३१॥७॥ हत्थं कासवगुत्तं, धम्मं सिवसाहगं पणिवयामि। सीहं कासवगुत्तं ३२, धम्मंपिय कासवं वंदे ३३॥८॥ तं वंदिऊण सिरसा, थिरसत्तचरित्तनाणसंपन्नं। थेरं च अज्जजंबुं, गोयमगुत्तं नमंसामि (३४)॥९॥ मिउमद्दवसंपन्नं, उवउत्तं नाणदंसणचरित्ते। थेरं च

१ तं कि० सु०। २ कासवं गोत्तं। ३ कासव० (क० कि०)।

नंदियंपिय, कासवगुत्तं पणिवयामि (३५)॥१०॥ तत्तो य थिरचरित्तं, उत्तमसम्मत्तसत्तसंजुत्तं। देसिगणिखमासमणं, माढरगुत्तं नमंसामि(३६)॥११॥ तत्तो अणुओगधरं, धीरं मइसागरं महासत्तं। थिरगुत्तखमासमणं, वच्छसगुत्तं पणिवयामि (३७) ॥१२॥ तत्तो य नाणदंसण-चरित्ततवसुट्ठियं गुणमहंतं। थेरं कुमारधम्मं, वंदामि गणिं गुणोवेयं (३८)॥१३॥ सुत्तत्थरयणभरिए, खमदममद्दवगुणेहिं संपन्ने। देविड्ढिखमासमणे, कासवगुत्ते पणिवयामि (३९)॥ १४ ॥

इति स्थविरावली संपूर्णा, द्वितीयं वाच्यं च समाप्तम् ॥

तेणं कालेणं तेणं समएणं समणे भगवं महावीरे वासाणं सवीसइराए मासे विइक्कंते वासावासं पज्जोसवेइ ॥ १ ॥ से केणट्ठेणं भंते! एवं वुच्चइ–'समणे भगवं महावीरे वासाणं सवीसइराए मासे विइक्कंते वासावासं पज्जोसवेइ ?', जओ णं पाएणं अगारीणं अगाराइं कडियाइं उक्कंपियाइं छन्नाइं लित्ताइं गुत्ताइं घट्ठाइं मट्ठाइं संपधूमियाइं खाओदगाइं खायनिद्धमणाइं अप्पणो अट्ठाए कडाइं परिभुत्ताइं परिणामियाइं भवंति, से तेणट्ठेणं एवं वुच्चइ–

श्रीमहावीरप्रभुः

श्रीजंबूस्वामी–परिषद्

'समणे भगवं महावीरे वासाणं सवीसइराए मासे विइक्कंते वासावासं पज्जोसवेइ' ॥ २ ॥ जहा णं समणे भगवं महावीरे वासाणं सवीसइराए मासे विइक्कंते वासावासं पज्जोसवेइ तहा णं गणहरावि वासाणं सवीसइराए मासे विइक्कंते वासावासं पज्जोसविंति ॥ ३ ॥ जहा णं गणहरा वासाणं सवीसइराए जाव पज्जोसविंति तहा णं गणहरसीसावि वासाणं जाव पज्जोसविंति ॥ ४ ॥ जहा णं गणहरसीसा वासाणं जाव पज्जोसविंति तहा णं थेरावि वासावासं पज्जोसविंति ॥ ५ ॥ जहा णं थेरा वासाणं जाव पज्जोसविंति तहा णं जे इमे अज्जत्ताए समणा निग्गंथा विहरंति तेऽविअ णं वासाणं जाव पज्जोसविंति ॥ ६ ॥ जहा णं जे इमे अज्जत्ताए समणा निग्गंथा वासाणं सवीसइराए मासे विइक्कंते वासावासं पज्जोसविंति तहा णं अम्हंपि आयरिया उवज्झाया वासाणं जाव पज्जोसविंति ॥ ७ ॥ जहा णं अम्हंपि आयरिया उवज्झाया वासाणं जाव पज्जोसविंति तहा णं अम्हेऽवि वासाणं सवीसइराए मासे विइक्कंते वासावासं पज्जोसवेमो, अंतराऽवि य से कप्पइ, नो से कप्पइ तं रयणिं

उवाइणावित्तए ॥ ८ ॥ वासावासं पज्जोसवियाणं कप्पइ निग्गंथाण वा निग्गंथीण वा सव्वओ समंता सक्कोसं जोयणं उग्गहं ओगिण्हित्ता णं चिट्ठिउं अहालंदमवि उग्गहे ॥ ९ ॥ वासावासं पज्जोसवियाणं कप्पइ निग्गंथाण वा निग्गंथीण वा सव्वओ समंता सक्कोसं जोयणं भिक्खायरियाए गंतुं पडिनियत्तए ॥ १० ॥ जत्थ नई निच्चोयगा निच्चसंदणा, नो से कप्पइ सव्वओ समंता सक्कोसं जोयणं भिक्खायरियाए गंतुं पडिनियत्तए ॥ ११ ॥ एरावई कुणालाए, जत्थ चक्किया सिया एगं पायं जले किच्चा एगं पायं थले किच्चा, एवं चक्किया एवं णं कप्पइ सव्वओ समंता सक्कोसं जोयणं गंतुं पडिनियत्तए ॥ १२ ॥ एवं च नो चक्किया, एवं से नो कप्पइ सव्वओ समंता सक्कोसं जोयणं गंतुं पडिनियत्तए ॥ १३ ॥ वासावासं पज्जोसवियाणं अत्थेगइयाणं एवं वुत्तपुव्वं भवइ—'दावे भंते !', एवं से कप्पइ दावित्तए, नो से कप्पइ पडिगाहित्तए ॥ १४ ॥ वासावासं पज्जोसवियाणं अत्थेगइयाणं एवं वुत्तपुव्वं भवइ—'पडिगाहेहि भंते !', एवं से कप्पइ पडिगाहित्तए, नो से कप्पइ दावित्तए ॥ १५ ॥

स्थविराव०

श्रीदशा०
श्रु० ८
कल्पे ३
वाच्ये

अवग्रहमानं दानार्थं ग्रहणादि

विकृतीनां वर्जनादि

वासावासं पज्जोसवियाणं० 'दावे भंते! पडिगाहे भंते!,' एवं से कप्पइ दावित्तएवि पडिगाहित्तएवि ॥ १६ ॥ वासावासं पज्जोसवियाणं नो कप्पइ निग्गंथाण वा निग्गंथीण वा हट्ठाणं तुट्ठाणं आरोगाणं बलियसरीराणं इमाओ नव रसविगईओ अभिक्खणं २ आहारित्तए, तंजहा—खीरं १ दहिं २ नवणीयं ३ सप्पिं ४ तिल्लं ५ गुडं ६ महुं ७ मज्जं ८ मंसं ९ ॥ १७ ॥ वासावासं पज्जोसवियाणं अत्थेगइआणं एवं वुत्तपुव्वं भवइ—अट्ठो भंते! गिलाणस्स, से य वइज्जा—अट्ठो, से य पुच्छियव्वे—केवइएणं अट्ठो ?, से वएज्जा—एवइएणं अट्ठो गिलाणस्स, जं से पमाणं वयइ से य पमाणओ घित्तव्वे, से य विन्नविज्जा, से य विन्नवेमाणे लभिज्जा, से य पमाणपत्ते होउ अलाहि, इय वत्तव्वं सिआ, से किमाहु भंते! ?, एवइएणं अट्ठो गिलाणस्स, सिया णं एवं वयंतं परो वइज्जा—'पडिगाहेह अज्जो !, पच्छा तुमं भोक्खसि वा पाहिसि वा', एवं से कप्पइ पडिगाहित्तए, नो से कप्पइ गिलाणनीसाए पडिगाहित्तए ॥१८॥ वासावासं पज्जोसवियाणं अत्थि णं थेराणं तहप्पगाराइं कुलाइं कडाइं पत्तिआइं थिज्जाइं वेसासि-

१ नास्ति प्रत्यंतरे। २ अरोगाण आरुगाणं कि०।

याइं संमयाइं बहुमयाइं अणुमयाइं भवंति, तत्थ से नो कप्पइ अदक्खु वइत्तए—'अत्थि ते आउसो ! इमं वा २ ?' से किमाहु भंते ! ?, सड्ढी गिही गिण्हइ वा, तेणियंपि कुज्जा ॥१९॥ वासावासं पज्जोसवियस्स निच्चभत्तियस्स भिक्खुस्स कप्पइ एगं गोअरकालं गाहावइकुलं भत्ताए वा पाणाए वा निक्खमित्तए वा पविसित्तए वा, नन्नत्थाऽऽयरियवेयावच्चेण वा एवं उवज्झायवेयावच्चेण वा तवस्सिवेयावच्चेण वा गिलाणवेयावच्चेण वा खुड्डएण वा खुड्डियाए वा अवंजणजायएण वा ॥२०॥ वासावासं पज्जोसवियस्स चउत्थभत्तियस्स भिक्खुस्स अयं एवइए विसेसे—जं से पाओ निक्खम्म पुव्वामेव वियडगं भुच्चा पिच्चा पडिग्गहगं संलिहिय संपमज्जिय से य संथरिज्जा कप्पइ से तद्दिवसं तेणेव भत्तट्ठेणं पज्जोसवित्तए, से य नो संथरिज्जा एवं से कप्पइ दुच्चंपि गाहावइकुलं भत्ताए वा पाणाए वा निक्खमित्तए वा पविसित्तए वा ॥ २१ ॥ वासावासं पज्जोसवियस्स छट्ठभत्तियस्स भिक्खुस्स कप्पंति दो गोअरकाला गाहावइकुलं भत्ताए वा पाणाए वा निक्खमित्तए वा पविसित्तए वा ॥२२॥ वासावासं पज्जोसवियस्स अट्ठमभत्तियस्स

पानक-विधिः

भिक्खुस्स कप्पंति तओ गोअरकाला गाहावइकुलं भत्ताए वा पाणाए वा निक्खमित्तए वा पविसित्तए वा ॥ २३ ॥ वासावासं पज्जोसवियस्स विगिट्ठभत्तिअस्स भिक्खुस्स कप्पंति सव्वेऽवि गोअरकाला गाहावइकुलं भत्ताए वा पाणाए वा निक्खमित्तए वा पविसित्तए वा ॥ २४ ॥ वासावासं पज्जोसवियस्स निच्चभत्तियस्स भिक्खुस्स कप्पंति सव्वाइं पाणगाइं पडिगाहित्तए। वासावासं पज्जोसवियस्स चउत्थभत्तियस्स भिक्खुस्स कप्पंति तओ पाणगाइं पडिगाहित्तए, तंजहा--ओसेइमं संसेइमं चाउलोदगं। वासावासं पज्जोसवियस्स छट्ठभत्तियस्स भिक्खुस्स कप्पंति तओ पाणगाइं पडिगाहित्तए, तंजहा--तिलोदगं वा तुसोदगं वा जवोदगं वा। वासावासं पज्जोसवियस्स अट्ठमभत्तियस्स भिक्खुस्स कप्पंति तओ पाणगाइं पडिगाहित्तए, तंजहा--आयामे वा सोवीरे वा सुद्धवियडे वा। वासावासं पज्जोसवियस्स विगिट्ठभत्तियस्स भिक्खुस्स कप्पइ एगे उसिणवियडे पडिगाहित्तए, सेऽविय णं असित्थे, नोऽविय णं ससित्थे। वासावासं पज्जोसवियस्स भत्तपडियाइक्खियस्स भिक्खुस्स कप्पइ एगे

१ चेव कि०।

उसिणवियडे पडिगाहित्तए, सेऽविय णं असित्थे, नो चेव णंससित्थे, सेऽविय णं परिपूए, नो चेव णं अपरिपूए, सेऽविय णं परिसिए, नो चेव णं अपरिमिए, सेऽविअ णं वहुसंपन्ने, नो चेव णं अवहुसंपन्ने ॥ २५ ॥ वासावासं पज्जोसविअस्स संखादत्तियस्स भिक्खुस्स कप्पंति पंच दत्तीओ भोअणस्स पडिगाहित्तए पंच पाणगस्स, अहवा चत्तारि भोअणस्स पंच पाणगस्स, अहवा पंच भोअणस्स चत्तारि पाणगस्स, तत्थ णं एगा दत्ती लोणासायणमित्तमवि पडिगाहिआ सिया कप्पइ से तद्दिवसं तेणेव भत्तट्ठेणं पज्जोसवित्तए, नो से कप्पइ दुच्चंपि गाहावइकुलं भत्ताए वा पाणाए वा निक्खमित्तए वा पविसित्तए वा ॥ २६ ॥ वासावासं पज्जोसवियाणं नो कप्पइ निग्गंथाण वा निग्गंथीणं वा जाव उवस्सयाओ सत्तघरंतरं संखडिं संनियट्टचारिस्स इत्तए, एगे एवमाहंसु—नो कप्पइ जाव उवस्सयाओ परेण सत्तघरंतरं संखडिं संनियट्टचारिस्स इत्तए, एगे पुण एवमाहंसु—नो कप्पइ जाव उवस्सयाओ परंपरेणं संखडिं संनियट्टचारिस्स इत्तए ॥ २७ ॥ वासावासं पज्जोसवियस्स नो कप्पइ पाणपडिग्ग-

दत्तिमानं सखडीप-रिहारश्च

१ एगे पुण कि० मु०

हियस्स भिक्खुस्स कणगफुसियमित्तमवि वुट्ठिकायंसि निवयमाणंसि जाव गाहावइकुलं भत्ताए वा पाणाए वा निक्खमित्तए वा पविसित्तए वा ॥ २८ ॥ वासावासं पज्जोसवियस्स पाणिपडिग्गहियस्स भिक्खुस्स नो कप्पइ अगिहंसि पिंडवायं पडिगाहित्ता पज्जोसवित्तए, पज्जोसवेमाणस्स सहसा वुट्ठिकाए निवइज्जा देसं भुच्चा देसमादाय से पाणिणा पाणिं परिपिहित्ता उरंसि वा णं निलिज्जिज्जा, कक्खंसि वा णं समाहडिज्जा, अहाछन्नाणि वा लेणाणि वा उवागच्छिज्जा, रुक्खमूलाणि वा

वर्षासमये वसतिस्थाने साधुः

वृष्टौ कर-
पात्रिणां
विधिः

उवागच्छिज्जा, जहा से पाणिंसि दए वा दगरए वा दगफुसिआ वा नो परिआवज्जइ ॥२९॥ वासावासं पज्जोसवियस्स पाणिपडिग्गहियस्स भिक्खुस्स जं किंचि कणगफुसियमित्तंपि निवडति, नो से कप्पइ गाहावइकुलं भत्ताए वा पाणाए वा निक्खमित्तए वा पविसित्तए वा ॥३०॥ वासावासं पज्जोसवियस्स पडिग्गहधारिस्स भिक्खुस्स नो कप्पइ वग्घारियवुट्ठिकायंसि गाहावइकुलं भत्ताए वा पाणाए वा निक्खमित्तए वा पविसित्तए वा, कप्पइ से अप्पवुट्ठिकायंसि संतरुत्तरंसि गाहावइकुलं भत्ताए वा पाणाए वा निक्खमित्तए वा पविसित्तए वा ॥ ३१ ॥ (ग्रं० ११००) वासावासं पज्जोसविअस्स निग्गंथस्स निग्गंथीए वा गाहावइकुलं पिंडवायपडियाए अणुपविट्ठस्स निगिज्झिय २ वुट्ठिकाए निवइज्जा, कप्पइ से अहे आरामंसि वा अहे उवस्सयंसि वा अहे वियडगिहंसि वा अहे रुक्खमूलंसि वा उवागच्छित्तए ॥ ३२ ॥ तत्थ से पुव्वागमणेणं पुव्वाउत्ते चाउलोदणे पच्छाउत्ते भिलिंगसूवे, कप्पइ से चाउलोदणे पडिगाहित्तए, नो से कप्पइ भिलिंगसूवे पडिगाहित्तए ॥ ३३ ॥ तत्थ से पुव्वागमणेणं पुव्वाउत्ते भिलिंग-

सूवे पच्छाउत्ते चाउलोदणे, कप्पइ से भिलिंगसूवे पडिगाहित्तए, नो से कप्पइ चाउलोदणे पडिगाहित्तए ॥ ३४ ॥ तत्थ से पुव्वागमणेणं दोऽवि पुव्वाउत्ताइं कप्पंति से दोऽवि पडिगाहित्तए, तत्थ से पुव्वागमणेणं दोऽवि पच्छाउत्ताइं, एवं नो से कप्पंति दोऽवि पडिगाहित्तए, जे से तत्थ पुव्वागमणेणं पुव्वाउत्ते से कप्पइ पडिगाहित्तए, जे से तत्थ पुव्वागमणेणं पच्छाउत्ते नो से कप्पइ पडिगाहित्तए ॥ ३५ ॥ वासावासं पज्जोसवियस्स निग्गंथस्स निग्गंथीए वा गाहावइकुलं पिंडवायपडियाए अणुपविट्ठस्स निगिज्झिय २ वुट्ठिकाए निवइज्जा, कप्पइ से अहे आरामंसि वा अहे उवस्सयंसि वा अहे वियडगिहंसि वा अहे रुक्खमूलंसि वा उवागच्छित्तए, नो से कप्पइ पुव्वगहिएणं भत्तपाणेणं वेलं उवायणावित्तए, कप्पइ से पुव्वामेव वियडगं भुच्चा (पिच्चा) पडिग्गहगं संलिहिय २ संपमज्जिय २ एगाययं भंडगं कट्टु सावसेसे सूरे जेणेव उवस्सए तेणेव उवागच्छित्तए, नो से कप्पइ तं रयणिं तत्थेव उवायणावित्तए ॥ ३६ ॥ वासावासं पज्जोसवियस्स निग्गंथस्स निग्गंथीए वा गाहा-

पूर्वायुक्तपश्चादायुक्तविधिः सूर्ये वसत्यागमः

वइकुलं पिंडवायपडियाए अणुपविट्ठस्स निगिज्झिय २ वुट्ठिकाए निवइज्जा, कप्पइ से अहे आरामंसि वा अहे उवस्सयंसि वा अहे वियडगिहंसि वा अहे रुक्खमूलंसि वा उवागच्छित्तए ॥ ३७ ॥ तत्थ नो कप्पइ एगस्स निग्गंथस्स एगाए य निग्गंथीए एगयओ चिट्ठित्तए १, तत्थ नो कप्पइ एगस्स निग्गंथस्स दुण्हं निग्गंथीणं एगयओ चिट्ठित्तए २, तत्थ नो कप्पइ दुण्हं निग्गंथाणं एगाए य निग्गंथीए एगयओ चिट्ठित्तए ३, तत्थ नो कप्पइ दुण्हं निग्गंथाणं दुण्हं निग्गंथीण य एगयओ चिट्ठित्तए ४, अत्थि य इत्थ केइ पंचमे खुड्डुए वा खुड्डियाइ वा अन्नेसिं वा संलोए सपडिदुवारे एव ण्हं कप्पइ एगयओ चिट्ठित्तए ॥ ३८ ॥ वासावासं पज्जोसवियस्स निग्गंथस्स गाहावइकुलं पिंडवायपडियाए अणुपविट्ठस्स निगिज्झिय २ वुट्ठिकाए निवइज्जा, कप्पइ से अहे आरामंसि वा अहे उवस्सयंसि वा अहे वियडगिहंसि वा अहे रुक्खमूलंसि वा उवागच्छित्तए, तत्थ नो कप्पइ एगस्स निग्गंथस्स एगाए य अगारीए एगयओ चिट्ठित्तए, एवं चउभंगी, अत्थि णं इत्थ केइ पंचमए थेरे

वृष्टौ गृहादिषु निर्ग्रन्थादीनां स्थानविधिः

वा थेरियाइ वा अन्नेसिं वा संलोए सपडिदुवारे, एवं कप्पइ एगयओ चिट्ठित्तए । एवं चेव निग्गंथीए अगारस्स य भाणियव्वं ॥ ३९ ॥ वासावासं पज्जोसवियाणं नो कप्पइ निग्गंथाण वा निग्गंथीण वा अपरिण्णएणं अपरिण्णयस्स अट्ठाए असणं वा १ पाणं वा २ खाइमं वा ३ साइमं वा ४ जाव पडिगाहित्तए ॥ ४० ॥ से किमाहु भंते !?, इच्छा परो अपरिण्णए भुंजिज्जा, इच्छा परो न भुंजिज्जा ॥ ४१ ॥ वासावासं पज्जोसवियाणं नो कप्पइ निग्गंथाण वा निग्गंथीण वा उदउल्लेण वा ससिणिद्धेण वा काएणं असणं वा १ पाणं वा २ खाइमं वा ३ साइमं वा ४ आहारित्तए ॥४२॥ से किमाहु भंते !?, सत्त सिणेहाययणा पण्णत्ता, तंजहा–पाणी १ पाणिलेहा २ नहा ३ नहसिहा ४ भमुहा ५ अहरोट्ठा ६ उत्तरोट्ठा ७ । अह पुण एवं जाणिज्जा–विगओदगे मे काए छिन्नसिणेहे, एवं से कप्पइ असणं वा १ पाणं वा २ खाइमं वा ३ साइमं वा ४ आहारित्तए ॥ ४३ ॥ वासावासं पज्जोसवियाणं इह खलु निग्गंथाण वा निग्गंथीण वा इमाइं अट्ठ सुहुमाइं जाइं छउमत्थेणं निग्गंथेण वा निग्गंथीए

अपरिज्ञा-
तभोजना-
नानयनं
स्नेहायत-
नानि च

वा अभिक्खणं २ जाणियव्वाइं पासिअव्वाइं पडिलेहियव्वाइं भवंति, तंजहा-पाणसुहुमं १ पणगसुहुमं २ बीअसुहुमं ३ हरियसुहुमं ४ पुप्फसुहुमं ५ अंडसुहुमं ६ लेणसुहुमं ७ सिणेहसुहुमं ८ ॥ ४४ ॥ से किं तं पाणसुहुमे ?, पाणसुहुमे पंचविहे पन्नत्ते, तंजहा-किण्हे १, नीले २, लोहिए ३, हालिद्दे ४, सुक्किल्ले ५। अत्थि कुंथु अणुद्धरी नामं, जा ठिया अचलमाणा छउमत्थाणं निग्गंथाण वा निग्गंथीण वा नो चक्खुफासं हव्वमागच्छइ, जा अट्ठिया चलमाणा छउमत्थाणं निग्गंथाण वा निग्गंथीण वा चक्खुफासं हव्वमागच्छइ, जा छउमत्थेणं निग्गंथेण वा निग्गंथीए वा अभिक्खणं २ जाणियव्वा पासियव्वा पडिलेहियव्वा हवइ, से तं पाणसुहुमे १ ॥ से किं तं पणगसुहुमे ?, पणगसुहुमे पंचविहे पण्णत्ते, तंजहा-किण्हे, नीले, लोहिए, हालिद्दे, सुक्किल्ले। अत्थि पणगसुहुमे तद्दव्वसमाणवण्णे नामं पण्णत्ते, जे छउमत्थेणं निग्गंथेण वा निग्गंथीए वा जाणियव्वे पासियव्वे पडिलेहिअव्वे भवइ। से तं पणगसुहुमे २ ॥ से किं तं बीअसुहुमे ?, बीयसुहुमे पंचविहे पण्णत्ते, तंजहा-किण्हे, नीले,

स्नेहायत-
नसप्तकं
सूक्ष्माष्टकं
च

१ नाम समुप्पन्ना कि०।

लोहिए, हालिद्दे, सुक्किल्ले । अत्थि बीअसुहुमे कण्णियासमाणवण्णए नामं पन्नत्ते, जे छउमत्थेणं निग्गंथेण वा निग्गंथीए वा जाणियव्वे पासियव्वे पडिलेहियव्वे भवइ । से तं बीअसुहुमे ३ ॥ से किं तं हरियसुहुमे ?, हरियसुहुमे पंचविहे पण्णत्ते, तंजहा–किण्हे नीले लोहिए हालिद्दे सुक्किल्ले । अत्थि हरिअसुहुमे पुढवीसमाणवण्णए नामं पण्णत्ते, जे निग्गंथेण वा निग्गंथीए वा अभिक्खणं २ जाणियव्वे पासियव्वे पडिलेहियव्वे भवइ । से तं हरियसुहुमे ४ ॥ से किं तं पुप्फसुहुमे ?, पुप्फसुहुमे पंचविहे पण्णत्ते, तंजहा–किण्हे नीले लोहिए हालिद्दे सुक्किल्ले । अत्थि पुप्फसुहुमे रुक्खसमाणवण्णे नामं पण्णत्ते, जे छउमत्थेणं निग्गंथेण वा निग्गंथीए वा जाणियव्वे पासियव्वे पडिलेहियव्वे भवइ । से तं पुप्फसुहुमे ५ ॥ से किं तं अंडसुहुमे ?, अंडसुहुमे पंचविहे पण्णत्ते, तंजहा–उद्दंसंडे, उक्कलियंडे, पिपीलिअंडे, हलिअंडे, हल्लोहलिअंडे, जे निग्गंथेण वा निग्गंथीए वा जाणियव्वे पासियव्वे पडिलेहियव्वे भवइ । से तं अंडसुहुमे ६ ॥ से किं तं लेणसुहुमे ?, लेणसुहुमे पंचविहे पण्णत्ते, तंजहा–उत्तिंग-

लेणे, भिंगुलेणे, उज्जुए, तालमूलए, संवुक्कावट्टे नामं पंचमे, जे छउमत्थेण निग्गंथेण वा निग्गंथीए वा जाणियव्वे पासियव्वे पडिलेहियव्वे भवइ। से तं लेणसुहुमे ७॥ से किं तं सिणेहसुहुमे ?, सिणेहसुहुमे पंचविहे पण्णत्ते, तंजहा–उस्सा, हिमए, महिया, करए, हरतणुए। जे छउमत्थेणं निग्गंथेण वा निग्गंथीए वा अभिक्खणं २ जाणियव्वे पासियव्वे पडिलेहियव्वे भवइ। से तं सिणेहसुहुमे ८॥ ४५॥ वासावासं पज्जोसविए भिक्खू इच्छिज्जा गाहावइकुलं भत्ताए वा पाणाए वा निक्खमित्तए वा पविसित्तए वा, नो से कप्पइ अणापुच्छित्ता आयरियं वा उवज्झायं वा थेरं पवित्तिं गणिं गणहरं गणावच्छेअयं जं वा पुरओ काउं विहरइ, कप्पइ से आपुच्छिउं आयरियं वा उवज्झायं वा थेरं पवित्तिं गणिं गणहरं गणावच्छेअयं जं वा पुरओ काउं विहरइ–'इच्छामि णं भंते! तुब्भेहिं अब्भणुण्णाए समाणे गाहावइकुलं भत्ताए वा पाणाए वा निक्खमित्तए वा पविसित्तए वा', ते य से वियरिज्जा एवं से कप्पइ गाहावइकुलं भत्ताए वा पाणाए वा निक्खमित्तए वा पविसित्तए वा, ते य

विहारभूम्यादिविकृतिचिकित्सापृच्छाविधिः

से नो वियरिज्जा एवं से नो कप्पइ गाहावइकुलं भत्ताए वा पाणाए वा निक्खमित्तए वा पविसित्तए वा । से किमाहु भंते !?, आयरिया पच्चवायं जाणंति ॥४६॥ एवं विहारभूमिं वा वियारभूमिं वा अन्नं वा जंकिंचि पओअणं, एवं गामाणुगामं दूइज्जित्तए ॥ ४७ ॥ वासावासं पज्जोसविए भिक्खू इच्छिज्जा अण्णयरिं विगइं आहारित्तए, नो से कप्पइ से अणापुच्छित्ता आयरियं वा उवज्झायं वा थेरं पवित्तिं गणिं गणहरं गणावच्छेययं वा जं वा पुरओ कट्टु विहरइ, कप्पइ से आपुच्छित्ता आयरियं वा उवज्झायं वा थेरं पवित्तिं गणिं गणहरं गणावच्छेययं वा जं वा पुरओ काउं विहरइ आहारित्तए–'इच्छामि णं भंते ! तुब्भेहिं अब्भणुण्णाए समाणे अन्नयरिं विगइं आहारित्तए, तं एवइयं वा एवइखुत्तो वा, ते य से वियरिज्जा एवं से कप्पइ अण्णयरिं विगइं आहारित्तए, ते य से नो वियरिज्जा एवं से नो कप्पइ अण्णयरिं विगइं आहारित्तए, से किमाहु भंते !?, आयरिया पच्चवायं जाणंति ॥ ४८ ॥ वासावासं पज्जोसविए भिक्खू इच्छिज्जा अण्णयरिं तेइच्छियं आउट्टित्तए, नो से कप्पइ से अणापुच्छित्ता

१ काउ कि० सु० ।

आयरियं वा उवज्झायं वा थेरं पवित्तिं गणिं गणहरं गणावच्छेययं वा जं वा पुरओ काउं विहरइ, कप्पइ से आपुच्छित्ता आयरियं वा उवज्झायं वा थेरं पवित्तिं गणिं गणहरं गणावच्छेययं वा जं वा पुरओ काउं विहरइ,–'इच्छामि णं भंते! तुब्भेहिं अब्भणुण्णाए समाणे अण्णयरिं तेइच्छियं आउट्टित्तए,' तं एवइयं वा एवइखुत्तो वा, ते य से वियरिज्जा एवं से कप्पइ अण्णयरिं तेइच्छियं आउट्टित्तए, ते य से नो वियरिज्जा एवं से नो कप्पइ अण्णयरिं तेइच्छियं आउट्टित्तए। से किमाहु भंते!?, आयरिया पच्चवायं जाणंति ॥ ४९ ॥ वासावासं पज्जोसविए भिक्खू इच्छिज्जा अण्णयरं ओरालं कल्लाणं सिवं धण्णं मंगल्लं सस्सिरीयं महाणुभावं तवोकम्मं उवसंपज्जित्ता णं विहरित्तए, नो से कप्पइ अणापुच्छित्ता आयरियं वा उवज्झायं वा थेरं पवित्तिं गणिं गणहरं गणावच्छेययं वा जं वा पुरओ काउं विहरइ, कप्पइ से आपुच्छित्ता आयरियं वा उवज्झायं वा थेरं पवित्तिं गणिं गणहरं गणावच्छेययं वा जं वा पुरओ काउं विहरइ,–'इच्छामि णं भंते! तुब्भेहिं अब्भणुण्णाए समाणे अण्ण-

यरं ओरालं कल्लाणं सिवं धण्णं मंगल्लं सस्सिरीयं महाणुभावं तवोकम्मं उवसंपज्जित्ता णं विहरित्तए,' तं एवइयं वा एवइखुत्तो वा, ते य से वियरिज्जा एवं से कप्पइ अण्णयरं ओरालं कल्लाणं सिवं धण्णं मंगल्लं सस्सिरीयं महाणुभावं तवोकम्मं उवसंपज्जित्ता णं विहरित्तए, ते य से नो वियरिज्जा एवं से नो कप्पइ अण्णयरं ओरालं कल्लाणं सिवं धण्णं मंगल्लं सस्सिरीयं महाणुभावं तवोकम्मं उवसंपज्जित्ता णं विहरित्तए। से किमाहु भंते ! ?, आयरिया पच्चवायं जाणंति ॥ ५० ॥ वासावासं पज्जोसविए भिक्खू इच्छिज्जा अपच्छिममारणंतियसंलेहणाजूसणाजूसिए भत्तपाणपडियाइक्खिए पाओवगए कालं अणवकंखमाणे विहरित्तए वा निक्खमित्तए वा पविसित्तए वा, असणं वा पाणं वा खाइमं वा साइमं वा आहारित्तए वा, उच्चारं वा पासवणं वा परिट्ठावित्तए, सज्झायं वा करित्तए, धम्मजागरियं वा जागरित्तए, नो से कप्पइ अणापुच्छित्ता आयरियं वा उवज्झायं वा थेरं पवित्तिं गणिं गणहरं गणावच्छेययं वा जं वा पुरओ काउं विहरइ, कप्पइ से आपुच्छित्ता आयरियं वा उव-

तपोऽनशनपृच्छे

ज्झायं वा थेरं पवित्तिं गणिं गणहरं गणावच्छेययं वा जं वा पुरओ काउं विहरइ,—'इच्छामि णं भंते ! तुब्भेहिं अब्भणुण्णाए समाणे अपच्छिममारणंतियसंलेहणाजूसणाजूसिए भत्त-पाणपडियाइक्खिए पाओवगए कालं अणवकंखमाणे विहरित्तए वा निक्खमित्तए वा पविसित्तए वा, असणं वा पाणं वा खाइमं वा साइमं वा आहारित्तए वा, उच्चारं वा पासवणं वा परिट्ठावित्तए, सज्झायं वा करित्तए, धम्मजागरियं वा जागरित्तए,' तं एवइयं वा एवइखुत्तो वा, ते य से वियरिज्जा एवं से कप्पइ, ते य से नो वियरिज्जा नो से कप्पइ, से किमाहु भंते !?, आयरिया पच्चवायं जाणंति ॥ ५१ ॥ वासावासं पज्जोसविए भिक्खू इच्छिज्जा वत्थं वा पडिग्गहं वा कंबलं वा पायपुंछणं वा अण्णयरिं वा उवहिं आयावित्तए वा पयावित्तए वा, नो से कप्पइ एगं वा अणेगं वा अपडिण्णवित्ता गाहावइकुलं भत्ताए वा पाणाए वा निक्खमित्तए वा पविसित्तए वा, असणं वा पाणं वा खाइमं वा साइमं वा आहारित्तए, बहिया विहारभूमिं वा वियारभूमिं वा सज्झायं वा करित्तए, काउस्सग्गं वा ठाणं वा ठाइत्तए।

अत्थि य इत्थ केइ अभिसमण्णागए अहासण्णिहिए एगे वा अणेगे वा, कप्पइ से एवं वइत्तए–'इमं ता अज्जो ! तुमं मुहुत्तगं जाणेहि जाव ताव अहं गाहावइकुलं भत्ताए वा पाणाए वा निक्खमित्तए वा पविसित्तए वा, असणं वा पाणं वा खाइमं वा साइमं वा आहारित्तए; वहिया विहारभूमिं वियारभूमिं सज्झायं वा करित्तए, काउस्सग्गं वा ठाणं वा ठाइत्तए' से य से पडिसुणिज्जा एवं से कप्पइ गाहावइकुलं भत्ताए वा पाणाए वा निक्खमित्तए वा पविसित्तए वा, असणं पाणं खाइमं साइमं आहारित्तए वा, वहिया विहारभूमिं वियारभूमिं सज्झायं करित्तए वा। से य से नो पडिसुणिज्जा एवं से नो कप्पइ गाहावइकुलं भत्ताए वा पाणाए वा निक्खमित्तए वा पविसित्तए वा, असणं पाणं खाइमं साइमं आहारित्तए वा, वहिया विहारभूमिं वियारभूमिं सज्झायं करित्तए वा, काउस्सग्गं वा ठाणं वा ठाइत्तए ॥ ५२ ॥ वासावासं पज्जोसवियाणं नो कप्पइ निग्गंथाण वा निग्गंथीण वा अणभिग्गहियसिज्जासणियाणं हुत्तए, आयाणमेयं, अणभिग्गहियसिज्जासणियस्स अणुच्चाकू-

उपधिता-
पनविधिः

इयस्स अणट्ठाबंधियस्स अमियासणियस्स अणातावियस्स असमियस्स अभिक्खणं २ अपडिलेहणासीलस्स अपमज्जणासीलस्स तहा तहा संजमे दुराराहए भवइ ॥ ५३ ॥ अणादाणमेयं, अभिग्गहियसिज्जासणियस्स उच्चाकूइयस्स अट्ठाबंधियस्स मियासणियस्स आयावियस्स समियस्स अभिक्खणं २ पडिलेहणासीलस्स पमज्जणासीलस्स तहा २ संजमे सुआराहए भवइ ॥ ५४ ॥ वासावासं पज्जोसवियाणं कप्पइ निग्गंथाण वा निग्गंथीण वा तओ उच्चारपासवणभूमीओ पडिलेहित्तए, न तहा हेमंतगिम्हासु जहा णं वासासु, से किमाहु भंते !?, वासासु णं उस्सण्णं पाणा य तणा य बीया य पणगा य हरियाणि य भवंति ॥ ५५ ॥ वासावासं पज्जोसवियाणं कप्पइ निग्गंथाण वा निग्गंथीण वा तओ मत्तगाइं गिण्हित्तए, तंजहा– उच्चारमत्तए, पासवणमत्तए, खेलमत्तए ॥ ५६ ॥ वासावासं पज्जोसवियाणं नो कप्पइ निग्गंथाण वा निग्गंथीण वा परं पज्जोसवणाओ गोलोमप्पमाणमित्तेऽवि केसे तं रयणिं उवायणावित्तए। अज्जेणं खुरमुंडेण वा लुक्कसिरएण वा होइयव्वं सिया। पक्खिया आरोवणा, मासिए खुर-

मुंडे, अद्धमासिए कत्तरिमुंडे, छम्मासिए लोए, संवच्छरिए वा थेरकप्पे ॥ ५७ ॥ वासावासं पज्जोसविआणं नो कप्पइ निग्गंथाण वा निग्गंथीण वा परं पज्जोसवणाओ अहिगरणं वइत्तए, जे णं निग्गंथो वा निग्गंथी वा परं पज्जोसवणाओ अहिगरणं वयइ से णं 'अकप्पेणं अज्जो ! वयसीति' वत्तव्वे सिया, जे णं निग्गंथो वा निग्गंथी वा परं पज्जोसवणाओ अहिगरणं वयइ से णं निज्जूहियव्वे सिया ॥ ५८ ॥ वासावासं पज्जोसवियाणं इह खलु निग्गंथाण वा निग्गंथीण वा अज्जेव कक्खडे कडुए वुग्गहे समुप्पज्जिज्जा, सेहे राइणियं खामिज्जा, राइणिएऽवि सेहं खामिज्जा, (ग्रं० १२००) खमियव्वं खमावियव्वं उवसमियव्वं उवसमावियव्वं सुमइसंपुच्छणाबहुलेणं होयव्वं। जो उवसमइ तस्स अत्थि आराहणा, जो न उवसमइ तस्स नत्थि आराहणा, तम्हा अप्पणा चेव उवसमियव्वं, से किमाहु भंते ! ?, उवसमसारं खु सामण्णं ॥ ५९ ॥ वासावासं पज्जोसवियाणं कप्पइ निग्गंथाण वा निग्गंथीण वा तओ उवस्सया गिण्हित्तए, तंजहा—वेउव्विया पडिलेहा [1] साइज्जिया पमज्जणा ३ ॥ ६० ॥ वासावासं पज्जोस-

अधिकरण-क्षामणा उपाश्रयत्रिकं

वियाणं निग्गंथाण वा निग्गंथीण वा कप्पइ अण्णयरिं दिसिं वा अणुदिसिं वा अवगिज्झिय भत्तपाणं गवेसित्तए । से किमाहु भंते ! ?, उस्सण्णं समणा भगवंतो वासासु तवसंपउत्ता भवंति, तवस्सी दुब्बले किलंते मुच्छिज्ज वा पवडिज्ज वा, तमेव दिसं वा अणुदिसं वा समणा भगवंतो पडिजागरंति ॥ ६१ ॥ वासावासं पज्जोसवियाणं कप्पइ निग्गंथाण वा निग्गंथीण वा गिलाणहेउं जाव चत्तारि पंच जोयणाइं गंतुं पडिनियत्तए, अंतराऽवि से कप्पइ वत्थए, नो से कप्पइ तं रयणिं तत्थेव उवायणावित्तए ॥ ६२ ॥ इच्चेइयं संवच्छरिअं थेरकप्पं अहासुत्तं अहाकप्पं अहामग्गं अहातच्चं सम्मं काएण फासित्ता पालित्ता सोभित्ता तीरित्ता किट्टित्ता आराहित्ता आणाए अणुपालित्ता अत्थेगइआ समणा निग्गंथा तेणेव भवग्गहणेणं सिज्झंति बुज्झंति मुच्चंति परिनिव्वाइंति सव्वदुक्खाणमंतं करिंति, अत्थेगइया दुच्चेणं भवग्गहणेणं सिज्झंति बुज्झंति मुच्चंति परिनिव्वाइंति सव्वदुक्खाणमंतं करिंति, अत्थेगइया तच्चेणं भवग्गहणेणं सिज्झंति बुज्झंति मुच्चंति परिनिव्वाइंति सव्वदुक्खाणमंतं करिंति, सत्तट्ठ

दिग्ग्राहं गोचरः ग्लानाय गमनं स्थविरकल्पफलं

श्रीमहावीरप्रभु:

साधुध्यानकी.

भवग्गहणाइं पुण नाइक्कमंति ॥ ६३ ॥ तेणं कालेणं तेणं समएणं समणे भगवं महावीरे रायगिहे नगरे गुणसिलए चेइए बहूणं समणाणं बहूणं समणीणं बहूणं सावयाणं बहूणं सावियाणं बहूणं देवाणं बहूणं देवीणं मज्झगए चेव एवमाइक्खइ, एवं भासइ, एवं पण्णवेइ, एवं परूवेइ, पज्जोसवणाकप्पो नामं अज्झयणं सअट्ठं सहेउअं सकारणं ससुत्तं सअट्ठं सउभयं सवागरणं भुज्जो भुज्जो उवदंसेइत्ति बेमि ॥ ६४ ॥ (ग्रं० १२१५[1])

इति सामाचारी समाप्ता, तृतीयं वाच्यं च समाप्तम् ॥

इति श्रीदशाश्रुतस्कन्धे श्रीपर्युषणाकल्पाख्यं स्वामिश्रीभद्रबाहुविरचितं
श्रीकल्पसूत्रं (बारसासूत्रं) सचित्रं समाप्तम् ॥

इति श्रेष्ठि देवचन्द लालभाई-जैनपुस्तकोद्धारे-ग्रन्थाङ्कः ८२

---

१ यद्यपि प्राचीनपुस्तकानुसारेण प्रत्यक्षरं संख्यायैतन्मानमुक्तं परमस्मिन्नादर्शे पुनरुक्तापूर्णपाठानां पूरणात् किंचिदाधिक्यं ।

श्रेष्ठि देवचन्द लालभाइ जैनपुस्तकोद्धारे

लभ्या मुद्र्यमानाश्च ग्रन्थाः

नाम.	अंक.	मूल्य.	प्रतिसङ्ख्या.
भक्तामरकल्याणमंदिरनमिऊण स्तोत्रत्रयम्	७९	५–०–०	१२५०
प्रियंकरनृपकथा.	८०	१–८–०	१०००
अनेकार्थरत्नमञ्जूषा	८१	३–०–०	१२५०
इदं बारसासूत्रं	८२		२०००
धनपालकवीश्वरविरचिता ऋषभपञ्चाशिका			१२५०
जैनधर्मवरस्तोत्रम्			१२५०
लोकप्रकाशः चतुर्थविभागः			१०००
भरतेश्वरबाहुबलिवृत्तिः द्वितीयविभागः			१०००
अभिधानचिन्तामणिकोशः			१२५०

आगमोदयसमितौ

लभ्या मुद्र्यमानाश्च ग्रन्थाः

नाम.	अंक.	मूल्य.	प्रतिसङ्ख्या.
आवश्यकसूत्रं–मलयगिरि–टीकासमेतम्			
प्रथमविभागः		४–०–०	१२५०
द्वितीयविभागः	६०	२–८–०	१२५०
तृतीयविभागः (मुद्रणमन्दिरे)			१२५०
लोकप्रकाश गूजरातीभाषांतर–			
प्रथमविभागः		३–८–०	१२५०
द्वितीयविभागः		३–८–०	१२५०

॥ इति श्रीकल्पसूत्रम्-सचित्रम् ॥

इति श्रेष्ठि देवचन्द्र लालभाई-जैनपुस्तकोद्धारे-ग्रन्थाङ्कः ८२.

अथ श्रीकालिकाचार्यकथा.

॥ ऐं० ॥ श्रीवीरवाक्यानुमतं सुपर्व्व, कृतं यथा पर्युषणाख्यमेतत् । श्रीकालिकाचार्यवरेण
सङ्घे, तथा चतुर्थ्यां शृणु पञ्चमीतः ॥ १ ॥ समग्रदेशागतवस्तुसारं, पुरं धरावासमिहास्ति
तारम् । तत्रारिभूपालकरीन्द्रसिंहो, भूवल्लभोऽभूद्भुवि वज्रसिंहः ॥ २ ॥ लावण्यपीयूषपवित्र-
गात्रा, सद्धर्म्मपात्रानुगतिः सदैव । तस्याजनिष्ठातिविशिष्टरूपा, राज्ञी च नाम्ना सुरसुन्दरीति
॥ ३ ॥ तत्कुक्षिभूः कालकनामधेयः, कामानुरूपोऽजनि भूपसूनुः । सरस्वती रूपवती सुशील-
वती स्वसा तस्य नरेन्द्रसूनोः ॥४॥ अथोऽ(था)न्यदोद्यानवने कुमारो, गतो यतः पञ्चशतैश्च पुम्भिः
(गतः पुरुषैः सह पञ्चशत्या) । दृष्ट्वा मुनीन्द्रं गुणसुन्दराख्यं, नत्वोपविष्टो गुरुसन्निधाने ॥ ५॥
विद्युल्लतानेकपकर्णताल-लीलायितं वीक्ष्य नरेन्द्रलक्ष्म्याः । युष्मादृशाः किं प्रपतन्ति कूपे,
भवस्वरूपे सुविवेकिनोऽपि ॥ ६ ॥ एवं परिज्ञाय कुमार! शुद्ध-बुद्धिं कुरुष्वाशु सुधर्म्ममार्गे ।

आचार्यश्रीगुणसुन्दरः-कालिककुमारश्च.

आकर्ण्य कर्णामृतवृष्टिकल्पं, गुरोर्वचः शीघ्र-
मिति प्रबुद्धः ॥ ७ ॥ आदात्तदा पञ्चशती-
पदाति-युक्तो व्रतं सूरिपदं स लेभे । सर-
स्वती तद्भगिनी च पश्चा-ज्जग्राह दीक्षां निज-
बन्धुबोधात् ॥ ८ ॥ श्रीकालिकाचार्यवरा
धरायां, कुर्वन्ति भव्यावनिधर्म्मवृष्टिम् । अथा-
न्यदाऽवन्तिपुरीमगुस्ते, सरस्वती चापि जगा-
म तत्र ॥ ९ ॥ साध्वीसमेतापि गताऽथ बाह्य-
भूमौ नरेन्द्रेण निरीक्षिता सा । ईदृक्सुरूपा
यदियं सुशीला, नूनं वराको मृत एव कामः
॥ १० ॥ श्रीकालिकाचार्यसहोदरत्वं, पूत्कु-

र्वती ही जिनशासनेश ! । यद्गर्दभिल्लेन नृपा-
धमेन, मां नीयमानां निजवेश्म रक्ष ॥११॥
इति ब्रुवाणा कुनृपेण पुम्भि-र्नीता निजं
धाम महासती सा । ज्ञात्वा च वृत्तान्तमथै-
नमुच्चै-श्चुकोप सूरिर्गुणलब्धिभूमिः ॥१२॥
श्रीकालिकाचार्यगुरुर्नृपान्ते, जगाम कामं
नयवाक्यपूर्वम् । नृपं जगादेति नरेन्द्र !
मुञ्च, स्वसारमेतां मम यद्व्रतस्थाम् ॥१३॥
अन्योऽपि यो दुष्टमतिः कुशीलो, भवेत्त्वया
स प्रतिषेध्य एव । अन्यायमार्गं स्वयमेव
गच्छ-न्न लज्जसे सत्यमिदं हि जालम् ॥१४॥

कल्पस. १५

गर्दभिल्लनृपः

सरस्वत्य-
पहारः

२

यत्रास्ति राजा स्वयमेव चौरो, भाण्डीवहो यत्र पुरोहितश्च । वनं भजध्वं ननु नागरा ! भो,
यतः शरण्याद्भयमत्र जातम् ॥ १५ ॥ नरेन्द्रकन्याः किल रूपवत्य–स्तवावरोधे ननु सन्ति
वह्वयः । तपःकृशां जल्लभरातिजीर्ण–वस्त्रां विमुञ्चाशु मम स्वसारम् ॥ १६ ॥ निशम्य
सूरीश्वरवाक्यमेत–न्न भाषते किञ्चिदिह क्षितीशः । श्रीकालिकाचार्यवरोऽथ सङ्घ–स्याग्रे
स्ववृत्तान्तमवेदयत्तत् ॥ १७ ॥ सङ्घोऽपि भूपस्य समासमक्षं, दक्षं वचोऽभाषत यन्न-
रेन्द्र ! । न युज्यते ते यदिदं कुकर्म, कर्त्तुं प्रभो ! पासि पितेव लोकम् ॥ १८ ॥ इति ब्रुवा-
णेऽपि यथार्थमुच्चैः, सङ्घे न चामुञ्चदसौ महीशः । महासतीं तामिति तन्निशम्य, कोपेन
सन्धां कुरुते मुनीशः ॥ १९ ॥ ये प्रत्यनीका जिनशासनस्य, सङ्घस्य ये चाशुभवर्ण्णवाचः ।
उपेक्षकोड्डाहकरा धरायां, तेषामहं यामि गतिं सदैव ॥ २० ॥ यद्येनमुर्वीपतिगर्दभिल्लं,
कोशेन पुत्रैः प्रबलं च राज्यात् । नोन्मूलयामीति कृतप्रतिज्ञो , विधाय वेषं ग्रहिलानुरूपम्
॥ २१ ॥ भ्रमत्यदः कर्दमलिप्तगात्रः, सर्वत्र जल्पन्नगरीं विशालाम् । श्रीगर्दभिल्लो नृपतिस्ततः

शाहिदेश-गमनं

किं ?, भो ! रम्यमन्तःपुरमस्य किं वा ?॥ २२ ॥ त्रिभिर्विशेषकम् । इत्यादि जल्पन्तमसत्प्रलापं, मुनीश्वरं वीक्ष्य व्यजिज्ञपंस्तम् । नृपं कुलामात्यवरा वरेण्यं, जाते(तं)न राजन्निति मुञ्च साध्वीम् ॥ २३ ॥ शिक्षां ददध्वं निजपितृबन्धु-पुत्रेषु गच्छन्तु ममाग्रदष्टेः । श्रुत्वेति सूरिर्गत एव सिन्धोर्नद्यास्तटं पश्चिमपार्श्वकूलम् ॥ २४ ॥ ये तेषु देशेषु भवन्ति भूपा-स्ते साहयः प्रौढतमस्य तेषु । एकस्य साहेः स गृहेऽवसच्च, सदा सुदैवज्ञनिमित्तविज्ञः ॥ २५ ॥ अनागतातीतनिमित्तभावैर्वशीकृतः सूरिवरैः स साहिः । भक्तिं विधत्ते विविधां गुरूणां, सर्वत्र पूज्यो लभते हि पूजाम् ॥ २६ ॥ तमन्यदा कृष्णमुखं विलोक्य, पप्रच्छ साहिं मुनिपः किमेतत् ? । तेनाचचक्षे (तेनोक्तमस्मिन्) मम योऽस्ति राजा, साहानसाहिः स च भण्यतेऽत्र ॥ २७ ॥ तेनात्र लेखः प्रहितो ममेति, स्वमस्तकं शीघ्रतरं प्रहेयम् । पञ्चाधिकाया नवतेर्नृपाणां, ममानुरूपश्छल एष भर्तुः ॥ २८ ॥ एकत्र सर्वे सबलं मिलित्वा, हिन्दूकदेशं चलताशु यूयम् । गुरोर्निदेशादिति तैः प्रहृष्टै-र्भूपैः प्रयाणं झटिति प्रदत्तम् ॥ २९ ॥ उत्तीर्य

सिन्धुं कटकं सुराष्ट्रा-देशे समागत्य सुखेन तस्थौ । सर्वेऽपि भूपाः सुगुरोश्च सेवां, कुर्वन्ति बद्धाञ्जलयो विनीताः ॥ ३० ॥ वर्षावसाने गुरुणा बभाषे, अवन्तिदेशं चलतेति यूयम् । नृपं निगृह्णीत च गर्दभिल्लं, गृह्णीत राज्यं प्रविभज्य शीघ्रम् ॥ ३१ ॥ अभापि तैः शम्बल-मस्ति नो नः, किं कुर्महे ? कालिकसूरिरेवम् । ज्ञात्वा च तेभ्यः शुभचूर्णयोगैः, कृत्वे-ष्टिकाः स्वर्णमयीर्ददौ सः ॥ ३२ ॥ ढक्कानिनादेन कृतप्रयाणा, नृपाः प्रचेलुर्गुरुलाटदेशम् । तद्देशनाथौ बलमित्रभानु-मित्रौ गृहीत्वाऽगुरवन्तिसीमाम् ॥ ३३ ॥ श्रुत्वाऽऽगतांस्तानभितः स्वदेश-सीमां समागच्छदवन्तिनाथः । परस्परं कुन्तधनुर्लताभि-र्युद्धं द्वयोः सैनिकयोर्बभूव ॥ ३४ ॥ स्वसैन्यमालोक्य हतप्रतापं, नंष्ट्वा गतो भूपतिगर्दभिल्लः । पुरीं विशालां स यदा प्रविष्ट-स्तदैव साऽवेष्टि बलै रिपूणाम् ॥ ३५ ॥ अथान्यदा साहिभटैरपृच्छि, युद्धं प्रभो ! नैव भवेत्किमद्य ? । अद्याष्टमी सूरिभिरुक्तमेवं, स गर्दभीं साधयतीह विद्याम् ॥ ३६ ॥ विलो-कयद्भिः सुभटैरजस्र-मट्टालये (ये) क्वापि गता खरी सा । दृष्टा तदा सा कथिता गुरूणां, तैरे-

वमुक्तं ध्वनिनाऽपि तस्याः ॥ ३७ ॥ सैन्यं समग्रं लभते विनाशं, धनुर्द्धराणां शतमष्टयुक्तम् । लात्वा गतः सूरिवरो निषङ्गी, खर्याः समीपं लघु शीघ्रवेधी ॥ ३८ ॥ युग्मम् ॥ यदैवमास्यं विवृतं करोति, तदैव शस्त्रैः परिपूरणीयम् । श्रीसूरिणाऽऽदिष्टममीभिरेवं, कृते खरी मूर्द्धनि मूत्रविष्ठे ॥ ३९ ॥ सा गर्दभिल्लस्य विधाय नष्टा, भ्रष्टानुभावः स च साहिभूपैः । बद्ध्वा गृहीतः सुगुरोः पदान्ते, निरीक्षते भूमितलं स मूढः ॥ ४० ॥ युग्मम् ॥ रे दुष्ट पापिष्ट निकृष्टबुद्धे !, किं ते कुकर्माचरितं दुरात्मन् । महासतीशीलचरित्रभङ्ग-पापद्रुमस्येदमिहास्ति पुष्पम् ॥ ४१ ॥ विसुद्रसंसारसमुद्रपातः, फलं भविष्यत्यपरं सदैव । अद्यापि चेन्मोक्षपरं सुधर्म्म-मार्ग्गं श्रयेथा न विनष्टमत्र ॥४२॥ न रोचते तस्य मुनीन्द्रवाक्यं, विमोचितो बन्धनतो गतोऽथ । सरस्वती शीलपदैकपात्रं, चारित्रमत्युज्ज्वलमाबभार ॥४३॥ यस्यावसद्वेश्मनि कालिकार्यौं, राजाधिराजः स बभूव साहिः । देशस्य खण्डेषु च तस्थिवांसः, शेषा नरेन्द्राः सगवंश एषः ॥ ४४ ॥ श्रीकालिकार्यो निजगच्छमध्ये, गत्वा प्रतिक्रम्य समग्रमेतत् । श्रीस-

गर्दभिल्ल-
पराजयः
साध्व्या
मोक्षश्च

ङ्गमध्ये वितरत्प्रमोदं, गणस्य भारं स बभार सूरिः ॥ ४५ ॥ भृगोः पुरे यौ बलमित्रभानु-
मित्रौ गुरूणामथ भागिनेयौ । विज्ञापनां प्रेक्ष्य तयोः प्रगल्भां, गताश्चतुर्मासकहेतवे ते
॥ ४६ ॥ श्रुत्वा गुरूणां सुविशुद्धधर्म्मां, विशुद्धवाक्यानि नृपः सभायाम् । अहो !! सुधर्म्मो
जिननायकस्य, शिरो विधुन्वन्निति तान्बभाषे ॥ ४७ ॥ निशम्य भूपस्य सुधर्म्मवाक्यं, पुरो-
धसो मस्तकशूलमेति । जीवादिवादे गुरुभिः कृतोऽपि, निरुत्तरस्तेषु वहत्यसूयाम् ॥ ४८ ॥
कौटिल्यभावेन यतीन् प्रशंसन्, नरेन्द्रचित्तं विपरीतवृत्तम् । चक्रे पुरोधा गुरुभिः स्वरूपं,
ज्ञातं यतिभ्यो यदनेषणीयम् ॥४९॥ ते दक्षिणस्यां मरहट्टदेशे, पृथ्वीप्रतिष्ठानपुरेऽथ जग्मुः ।
यत्रास्ति राजा किल सातयानः, प्रौढप्रतापी परमार्हतश्च ॥ ५० ॥ राज्ञाऽन्यदाऽपृच्छि सभा-
समक्षं, प्रभो ! कदा पर्युषणा विधेया !। या पञ्चमी भाद्रपदस्य शुक्ले, पक्षे च तस्यां भविता
सुपर्व ॥ ५१ ॥ नृपोऽवदत्तत्र महेन्द्रपूजामहो भवत्यत्र मुनीन्द्र ! घस्रे । मयाऽनुगम्यः स च
लोकनीत्या, स्नात्रादिपूजा हि कथं भवित्री ? ॥ ५२ ॥ तत्पञ्चमीतः प्रभुणा विधेयं, पष्ठ्यां

१ चित्ते प्र० ।

यथा मे जिननाथपूजा । प्रभावनापौषधपाल-
नादि, पुण्यं भवेन्नाथ! तव प्रसादात् ॥५३॥
राजन्निदं नैव भवेत्कदाचित्, यत्पञ्चमीरात्रि-
विपर्ययेण । ततश्चतुर्थ्यां क्रियतां नृपेण,
विज्ञप्तमेवं गुरुणाऽनुमेने ॥ ५४ ॥ स्मृत्वेति
चित्ते जिनवीरवाक्यं, यत्सातयानो नृपतिश्च
भावी । श्रीकालिकार्यो मुनिपश्च तेन, नृपा-
ग्रहेणापि कृतं सुपर्व ॥ ५५ ॥ यथा चतुर्थ्यां
जिनवीरवाक्यात्, सङ्घेन मन्तव्यमहो तदेव ।
प्रवर्त्तितं पर्युषणाख्यपर्व, यथेयमाज्ञा महती
सदैव ॥५६॥ अथान्यदा कालवशेन सर्वान्,

१ यतो जिनाज्ञा प्र० ।

आचार्यश्रीकालिकार्यः-शालिवाहनश्च,

श्रीकालकसूरिपार्श्वे प्रमादिशिष्यगमनं
सागरचन्द्रसूरेः क्षामणं च.

प्रमादिनः सूरिवराश्च साधून्। त्यक्त्वा गताः
स्वर्णमहीपुरस्था–नेकाकिनः सागरचन्द्रसूरीन्
॥ ५७ ॥ तेषां समीपे मुनयः (निवत्) स तस्थौ,
ज्ञातो न केनापि तपोधनेन। शय्यातरात् ज्ञातय-
थार्थवृत्ताः, प्रमादिनस्ते मुनयस्तमीयुः ॥ ५८ ॥
जिनेश्वरः पूर्वविदेहवर्त्ती, सीमन्धरो वन्धुरवाग्वि-
लासः। निगोदजीवानतिसूक्ष्मकायान्, सभासमक्षं
स समादिदेश ॥५९॥ सौधर्म्मनाथेन सविस्मयेन,
पृष्टं जगन्नाथ! निगोदजीवान्। कोऽप्यस्ति वर्षेऽ-
स्मिन् भारतेपि (वर्षेऽपि च भारतेऽस्मिन्), यो
वेत्ति व्याख्यातुमलं य एवम्?॥ ६० ॥ समादि-

देश प्रभुरस्ति शक्र!, श्रीकालिकार्यः श्रुतरत्नराशिः ।
श्रुत्वेति शक्रः प्रविधाय रूपं, वृद्धस्य विप्रस्य समाययौ सः ॥ ६१ ॥ विप्रोऽथ पप्रच्छ निगोदजीवान्, सूरीश्वरोऽभाषत ताननन्तान् । असङ्ख्यगोलाश्च भवन्ति तेषु, निगोदसङ्ख्या गतसङ्ख्यरूपाः ॥ ६२ ॥
श्रुत्वेति विप्रो निजमायुरेवं, पप्रच्छ मे शंस कियत्प्रमाणम् । अस्तीति ? सिद्धान्तविलोकनेन, शक्रो भवान् कालिकसूरिराह ॥ ६३ ॥ कृत्वा स्वरूपं प्रणिपत्य सूरिं, निवेद्य सीमन्धरसत्प्रशंसाम् । उपाश्रयद्वारविपर्ययं च, शक्रो निजं धाम जगाम हृष्टः ॥६४॥
श्रीमत्कालिकसूरयश्चिरतरं चारित्रमत्युज्वलं, सम्पाल्य

विप्ररूपेण शक्रः-श्रीकालिकसूरिश्च.

निगोदस्वरूपं दिव्यं च

श्रीकालिकसूरिः शक्रश्च.

प्रतिपद्य चान्त्यसमये भक्तप्रतिज्ञां मुदा । शुद्ध-
ध्यानविधानलीनमनसः स्वर्गालयं ये गता-स्ते
कल्याणपरम्परां श्रुतधरा यच्छन्तु सङ्घेऽनघे ॥६५॥

॥ इति श्रीकालिकाचार्यकथा श्रीतपागच्छ-
वृद्धशालायां लिखिता ॥

यवनसम्राट्पीरोजशाह–प्रतिबोधकश्रीखरतरगच्छाचार्यश्रीमज्जिनप्रभसूरिविनेयवर श्रीजिनदेवसूरिनिर्मिता श्रीकालकसूरिकथा ॥

कालिका-चार्यस्य प्रतिज्ञा

॥ ऐं० ॥ मोहान्धकारप्राग्भारा–पहाररविमण्डलम् । अमानबहुमानेन, वर्द्धमानं नमाम्यहम् ॥ १ ॥ पञ्चमीतश्चतुर्थ्यां यै–श्चक्रे
पर्युषणामहः । तेषां कालकसूरीणां, चरितं किञ्चिदुच्यते ॥ २ ॥ धरावासमिति ख्यातं, पुरं सुरपुरोपमम् । तत्राभूद्भूपतिर्वैरि–सिंहः
सिंहपराक्रमः ॥३॥ देव्यस्य सुन्दरी रूप–सम्पदा सुरसुन्दरी । तयोः कालकनामाभूत्, सूनुरन्यूनविक्रमः ॥४॥ सोऽन्यदा बहिरुद्याने,
हयान् रमयितुं ययौ । सूरिं गुणाकरं तत्र, धर्म्ममाख्यान्तमैक्षत ॥ ५ ॥ तस्यान्तिकमथो गत्वा, धर्मं शुश्राव शुद्धधीः ।
सद्यः संसारवासाच्च, परं वैराग्यमासदत् ॥ ६ ॥ पितरौ समनुज्ञाप्य, भटपञ्चशतीयुतः । सरस्वत्याख्यया स्वस्रा, सार्द्धं व्रतम-
शिश्रियत् ॥७॥ शिक्षां द्विधाऽभ्यस्तवन्तं, श्रुताकूपारपारगम् । निवेश्य तं निजे पट्टे, स्वर्गातिथिरभूद्गुरुः ॥ ८ ॥ क्रमेण कालका-
चार्यः, साधुपञ्चशतान्वितः । क्ष्मां पुनानः पदन्यासैः, पुरीमुज्जयिनीं ययौ ॥ ९ ॥ आरामे समवासार्षीद्, भगवान् सपरिच्छदः ।
तच्चरित्रैः पवित्रैश्च, चित्रीयन्ते स्म नागराः ॥१०॥ गर्द्दभिल्लो नृपोऽद्राक्षीत्, समायान्तीं बहिर्भुवः । अन्यदाऽऽर्यां कृताश्चर्यरूपां सूरेः
सहोदरीम् ॥ ११ ॥ कामग्रहगृहीतस्तां, हठादानाय्य पूरुषैः । न्यधादधन्यः शुद्धान्ते, सूरिर्विज्ञातवांश्च तत् ॥ १२ ॥ आस्थानं
स्वयमागत्य, गुरुः शान्तमनास्ततः । तं दुष्टनृपमाचष्ट सुधामधुरया गिरा ॥ १३ ॥ त्वय्यन्यायरते राजन् !, सर्वं स्यादस-
मञ्जसम् । मुञ्चैतां व्रतिनीं तस्मात्, परत्रेह च शर्मणे ॥१४॥ कोमलैर्वचनैरेवं, गुरुणा भणितोऽपि सः । प्रधानैर्वार्यमाणोऽपि, मुमो-
च न तपोधनाम् ॥ १५ ॥ तेजः क्षात्रमिवारूढो, भ्रकुटीविकटाननः । सभायां कालकाचार्यः, प्रतिज्ञामकरोदिमाम् ॥ १६ ॥

श्रीसङ्घप्रत्यनीकानां, महापातकिनामपि । माघवत्यतिथीनां च, नूनं लिप्येय पाप्मभिः ॥ १७ ॥ यद्येनमेनसां धामो-न्मूलयामि न
मूलतः । इत्युक्त्वा वचनं गत्वा, गच्छेनालोच्य किञ्चन ॥ १८ ॥ उन्मत्तवेषो नगरीं, हिण्डमानो जजल्प सः । राज्यं भुङ्क्ते गर्दभि-
ल्ल-श्चेत्ततः किमतः परम् ? ॥ १९ ॥ त्रिभिर्विशेषकं । एतस्य कान्तः शुद्धान्त-श्चेत्ततः किमतः परम् ? । इति दृष्ट्वा जनः सर्वो
हाहारवमुखोऽब्रवीत् ॥ २० ॥ धिगेनं नृपतिं यस्य, चेष्टितैः कष्टिताशयः । रटन् पिशाचकीवेत्थ-माचार्यः पर्यटत्ययम् ॥ २१ ॥ भूयः
सम्भूय सचिवप्रमुखैर्बोधितोऽपि सः । विरराम न कामार्त्तो, व्रतिनीसङ्ग्रहाग्रहात् ॥ २२ ॥ गर्दभीविद्ययाऽजय्यं, तं ज्ञात्वा मेदिनीपतिम् ।
उपायेनोन्मूलयिष्यन्, शककूलं ययौ गुरुः ॥ २३ ॥ ये स्युस्तत्र च सामन्ता-स्ते साखय इति स्मृताः । तेषां तु नृपतिः साखा-नुसा-
खिरिति विश्रुतः ॥ २४ ॥ आचार्यस्तस्थिवांस्तत्र, साखेरेकस्य सन्निधौ । मन्त्रयन्त्रप्रयोगाद्यै-स्तं चात्यन्तमरञ्जयत् ॥ २५ ॥
अथान्यदा सुखासीने, साखौ तत्र स्वपर्षदि । दूतः साखानुसाखीयः, समागत्यार्पयच्छुरीम् ॥ २६ ॥ छुरिकां तां समालोक्य,
साखिः श्याममुखोऽजनि । सूरिणा भणितश्चायं, केयं भो ! विपरीतता ॥ २७ ॥ अनुग्रहे विभोर्यस्मा-दायाते हृष्यतेतराम् । तवेक्ष्यते
तु वैलक्ष्यं, ततः साखिरदोऽवदत् ॥ २८ ॥ नानुग्रहोऽयं भगव-न्निग्रहः पुनरेष मे । यस्मै क्रुध्यति नः स्वामी, तस्मै प्रेषयति च्छु-
रीम् ॥ २९ ॥ तां क्षिप्त्वा क्षुरिकां कुक्षौ, मर्त्तव्यं तेन निश्चितम् । सोऽन्यथा सकलस्यापि, कुटुम्बस्य क्षयं सृजेत् ॥ ३० ॥ स्वार्थाऽभि-
मुख्यमालोक्य, सूरिरुच्छ्वसिताशयः । शाखिमाचष्ट तं रुष्टः, किं तवैवोपरि प्रभुः ? ॥ ३१ ॥ कुपितोऽयमुतान्यस्मा-न्यपि कस्मै-
चिदुच्यताम् । स पुनः पण्णवत्यङ्कं, दृष्ट्वा च्छुर्यामुवाच गाम् ॥ ३२ ॥ मद्विधानां पण्णवते-रुपरि क्रुद्धवानयम् । ततस्तैरपि मर्त्तव्यं,
मद्वच्छरणवर्जितैः ॥ ३३ ॥ जगौ सगौरवं सूरि-र्न मर्त्तव्यं मुधैव भो ! । नीत्वा हिन्दुकदेशं वः, प्राज्यराज्यं ददाम्यहम् ॥ ३४ ॥
दूतान्नामानि विज्ञाय, तान् सर्वानपि सत्वरम् । समाकारय युष्माकं, सिन्धुतीरेऽस्तु सङ्गमः ॥ ३५ ॥ प्रमाणमादेश इति, व्याहृत्य शक-
पुङ्गवः । व्यधत्त तत्तथैवाशु, जीविताशा हि दुस्त्यजा ॥ ३६ ॥ विज्ञातपरमार्थास्ते, सर्वे सबलवाहनाः । सम्भूय साखयः सद्यः,
सिन्धुतीरे समागमन् ॥ ३७ ॥ आचार्यदर्शितपथः, साखीशः सोऽपि सत्वरम् । प्रयाणैरनवच्छिन्न-रुपसिन्धु समासदत् ॥ ३८ ॥

गर्दभिल्लस्य पराजयः

तेऽथ सिन्धुं समुत्तीर्य, साधयन्तोऽखिलान्नृपान् । सुराष्ट्राविषयं प्रापु-स्तत्र प्रावृडुपेयुषी ॥ ३९ ॥ विभज्य नवधा राष्ट्रं, सुराष्ट्रां
तेऽवतस्थिरे । वर्षारात्रे व्यतिक्रान्ते, सूरिणा भणितास्ततः ॥ ४० ॥ हंहो ! निरुद्यमा यूयं, किमु तिष्ठथ सम्प्रति । अवन्तिदेशं
गृह्णीध्वं, पर्याप्तं तत्र भावि वः ॥ ४१ ॥ तेऽत्रोचन् द्रव्यरहिता, वयं वर्त्तामहे प्रभो ! । निर्द्रव्याणां हि जायन्ते, न काश्चित्कार्य-
सिद्धयः ॥ ४२ ॥ हेमीकृत्येष्टकापाकं, युक्त्या तेभ्यो ददौ गुरुः । तेऽपि सम्भृत्य सामग्रीं, प्रचेलुर्मालवान् प्रति ॥ ४३ ॥ तान्नि-
शम्यायतो दर्पाद्, गर्दभिल्लोऽपि सम्मुखम् । आडुढौकेऽथ सम्फेटो-ऽभूद्द्वयोरपि सैन्ययोः ॥४४॥ शस्त्राशस्त्रि चिरं युद्ध्वा, शकसैन्येन
निर्जितम् । अनीकं गर्दभिल्लस्य, यतो धर्मस्ततो जयः ! ॥ ४५ ॥ अवन्तीशः प्रणश्याशु, व्यावृत्य स्वपुरीमगात् । कृत्वा रोधक-
सज्जां तां, तस्थिवानन्तरेव सः ॥४६॥ अथाज्ञया मुनीन्द्रस्य, शकयोधाश्चतुर्दिशम् । नगरीं वेष्टयामासु-श्चन्द्रलेखां घना इव ॥ ४७॥
अट्टालकेषु युद्धानि, समभूवन्निरन्तरम् । तेऽन्यदाऽऽलोक्य शून्यांस्तान्, गुरवेऽकथयन्नथ ॥४८॥ वप्रस्याट्टालकाः शून्याः, कुतोऽद्य
भगवन्निति । पृष्टस्तैः स्पष्टमाचष्ट, गुरुर्विज्ञातकारणः ॥ ४९ ॥ अयं भो ! गर्दभीविद्यां, पापात्मा युक्तिपूर्वकम् । कृष्णाष्टमी-
चतुर्दश्यो-राराधयति सर्वदा ॥५०॥ सिद्धविद्यश्च भवता-मजय्योऽयं भविष्यति । तद् गवेषयत क्वापि, वप्रस्योपरि गर्दभीम् ॥५१॥
ते समालोक्य तां प्रोचुः, गुरवे सोऽप्यचीकथत् । द्विक्रोश्याः परतः सर्वं, सैन्यमेतद्विधीयताम् ॥ ५२ ॥ इयं हि रासभी शब्दं, कुरुते
देव्यधिष्ठिता । तमाकर्ण्य द्विपत्सैन्यं, वान्तासृग्म्रियते ध्रुवम् ॥५३॥ अष्टोत्तरं शतं शब्द-वेधिनामिह तिष्ठतु । तैः पूरणीयमिषुभि-
स्तस्या दिध्वनिषोर्मुखम् ॥ ५४ ॥ शकाः सूरिसमादिष्ट-मेतत्सर्वं वितेनिरे । तथैव शब्दावसरे, तस्या आस्यमपूरयन् ॥ ५५ ॥
सा तु विद्यासमाविष्टा, दुर्धियस्तस्य भूपतेः । मूर्ध्नि विण्मूत्रमाधाय, पलायामास रासभी ॥ ५६ ॥ सूरेरादेशतो वप्रं, भङ्क्त्वा मध्ये
प्रविश्य च । जीवग्राहं गृहीत्वा त-मुपनिन्युर्गुरोः पुरः ॥५७॥ गुरुणा बोध्यमानोऽपि, यदा न प्रत्यबोधि सः । प्रदाप्य कर्प्परं हस्ते,
देशान्निष्कासितस्ततः ॥ ५८ ॥ व्रतान्यारोपयत्सूरि-रार्यायाः शुद्धये पुनः । प्रायश्चित्तं चरित्वा च, स्वं गणं प्रत्यपालयत् ॥ ५९ ॥
मौलिक्यशाखिनृपति-रपरे तस्य सेवकाः । इति व्यवस्थया तत्र, राज्यमन्वशिषन् शकाः ॥ ६० ॥ ते श्रीमत्कालिकाचार्य-पर्यु-

पासनतत्पराः । चिरं राज्यानि बुभुजु-र्जिनधर्मप्रभावकाः ॥ ६१ ॥ इतश्चाभूद् भृगुकच्छे, जामेयः कालकप्रभोः । बलमित्र-
नृपो भानु-मित्रस्तस्यानुजः पुनः ॥ ६२ ॥ तौ च प्रहित्य स्वामात्य-मत्युत्कण्ठावशंवदौ । शकराजाननुज्ञाप्य, नयतां स्वपुरे
गुरून् ॥ ६३ ॥ बलभानुं स्वजामेयं, भानुश्रीकुक्षिसम्भवम् । प्रव्राज्य प्रावृषं सूरिं, तत्रैवास्थापयन्नृपः ॥ ६४ ॥ प्रभावनां विसा-
व्योच्चैः, पुरोधाः कृतमत्सरः । पुराऽपि निर्जितो वादे, रहो राजानमब्रवीत् ॥ ६५ ॥ अमी तपोधना यत्र, सञ्चरन्ति महाशयाः ।
तत्र देव ! पदन्यासो, युष्माकं नैव युज्यते ॥ ६६ ॥ अभक्तिर्जायते ह्येवं, सा च श्रेयःप्रमाथिनी । प्रेष्यन्तेऽमी तदन्यत्र, विधाप्या-
नेषणां पुरे ॥ ६७ ॥ एवमस्त्विति राज्ञोक्ते, कारिताऽनेषणा पुरे । विलोक्य तां समन्ताच्च, गुरुभ्यः साधवोऽवदन् ॥ ६८ ॥ पुरो-
हितस्य तत्सर्वं, ते विमृश्य विजृम्भितम् । अपर्युष्यापि चलिताः, प्रतिष्ठानपुरं प्रति ॥६९॥ शातवाहनराजेन, कृताभिगमनोत्सवाः ।
तस्थुः सुखं पर्युषणा-पर्व तत्रान्यदाऽऽगमत् ॥ ७० ॥ तान् राजोवाच पञ्चम्यां, देशेऽत्रेन्द्रमहो भवेत् । जनानुवृत्त्या गन्तव्य-
मस्माभिरपि तत्र च ॥७१॥ एवं च चैत्यपूजादे-र्व्याघातः सम्भवेद्विभोः । षष्ठ्यां पर्युषणापर्व, तदिदं क्रियतां प्रभोः ! ॥७२॥ स्वाम्याह
राजन् ! पर्वेदं, पञ्चमीं नातिवर्त्तते । कारणापेक्षया त्वर्वा-गपि स्यादिति हि श्रुतम् ॥ ७३ ॥ चतुर्थ्यामस्तु तर्हीत-दित्युक्ते भूभुजा
प्रभुः । मेने तथेति भूपस्तु, मुदितो गृहमागमत् ॥ ७४ ॥ तदाद्यभूद् भाद्रशुद्ध-चतुर्थ्यां किल पर्व तत् । चतुर्दशीदिने चातु-र्मासि-
कानि च जज्ञिरे ॥ ७५ ॥ अन्यदा कर्मदोषेण, शिष्याः श्रीकालकप्रभोः । दुर्विनीता अजायन्त, शिक्षाया अप्यगोचराः ॥ ७६ ॥
रात्रौ शय्यातरस्योक्त्वा, परमार्थं विमुच्य तान् । निद्रागतान् प्रचलिताः, स्वयं कनखलं प्रति ॥७७॥ स्वशिष्यरत्नाकराख्य-सूरिशिष्यस्य
सन्निधौ । सूरेः सागरचन्द्रस्य, प्रतिबोधितभूपतेः ॥ ७८ ॥ युग्मं । क्रमेण तत्र सम्प्राप्ता, न केनाप्युपलक्षिताः । उपाश्रयस्यैककोणं,
समाश्रित्यावतस्थिरे ॥ ७९ ॥ प्रतिक्रम्यैर्यापथिकी-मुपविश्य क्षणं स्थिताः । अत्रान्तरे सागरेन्दु-रनुयुज्य प्रपारितः ॥ ८० ॥ असहि-
ष्णुर्ज्ञानगर्वं, सूरीन् प्रति बभाण सः । आर्य ! कीदृग् व्याचचक्षे ?, मया साध्विति तेऽवदन् ॥८१॥ ततः पुनर्मदाध्मातः, सागरेन्दुर्ब-
भाण तम् । आर्य ! किञ्चिद्विषमार्थं, परिपृच्छ वदामि ते ॥८२॥ न किञ्चिद्विषमं जाने, धर्मं तद्वार्द्धकोचितम् । व्याचक्ष्व मत्पुर इति,

भृगुपुरा-
न्निर्गमः
पर्वपरा-
वृत्तिः प्र-
मादिशि-
ष्यत्यागः

॥ ९१ ॥

इन्द्रकृतौ निगोदायु प्रश्नौ

प्रोचुः पौत्रं मुनीश्वराः ॥ ८३ ॥ अनित्यताभावनार्थं, धर्ममत्यूर्जितं ततः । व्याचक्षाणे सागरेन्दौ, साक्षेपं प्रभुरब्रवीत् ॥ ८४ ॥
प्रत्यक्षाद्यगोचरत्वा-न्नास्ति धर्म्मः खपुष्पवत् । मुधा तद्विषयं क्लेशं, मूढा अनुभवन्त्यमी ॥८५॥ अन्तः क्षुब्धोऽप्यवष्टम्भ-मालम्ब्योवाच
सागरः । अस्त्येव धर्मस्तत्कार्य-सुखादेरुपलम्भतः ॥८६॥ युक्तिभिः साधिते धर्मे, मौनं कृत्वा स्थितो विभुः । तथा शिष्या दुर्विनीताः,
सुप्ताः प्रातरजागरुः ॥ ८७ ॥ गुरूनप्रेक्ष्य तेऽपृच्छन्, शय्यातरमसौ पुनः । निर्भर्त्स्य वचनैस्तीक्ष्णैः, प्राहिणोत्सूरिसन्निधौ ॥ ८८ ॥
क्रमात्ते तत्र सम्प्राप्ताः, वार्त्तां विज्ञाय तन्मुखात् । सागरः क्षमयामास, गुरूंस्तैर्मुनिभिस्सह ॥ ८९ ॥ वालुकापूरितप्रस्थ-भृतिरेचन-
पूर्वकम् । पौत्रं तेऽबोधयन् ज्ञान-तारतम्यप्ररूपणात् ॥ ९० ॥ अथ व्याख्यां निगोदानां, श्रुत्वा सीमन्धरप्रभोः । शक्रोऽपृच्छद्भ-
रतेऽपि, किमेवं वेत्ति ? कोऽप्यमून् ॥९१॥ व्याचष्टे भारते मद्व-न्निगोदानार्यकालकः । इति भाषितवान् वज्र-धरं सीमन्धरप्रभुः
॥९२॥ तं वृद्धद्विजरूपेण, गतः शक्रः परीक्षितुम् । पृष्ट्वा निगोदानायुश्च, मुदितः स्तुतवानिति ॥९३॥ दुष्षमारात्रिदीपाय, प्रतीपाय
कुतीर्थिनाम् । अनर्घ्यगुणरत्नौघ-रोहणाय नमोऽस्तु ते ॥९४॥ श्रीकालकार्यं प्रणिपत्य शक्रः, स्वस्यागमं ज्ञापयितुं मुनीनाम् । कृत्वा-
ऽन्यथा द्वारमुपाश्रयस्य, सम्पूर्णकामस्त्रिदिवं जगाम ॥ ९५ ॥ मत्वाऽऽयुरन्तं भगवानपि स्वं, श्रीकालकार्योऽनशनं विधाय । विहाय
कायं विधिवद्विधिज्ञ-स्त्रिविष्टपस्याभरणं बभूव ॥ ९६ ॥ श्रीजिनप्रभसूरीन्द्रैः, स्वाङ्कपर्यङ्कलालितः । जग्रन्थैतां कथां श्रीम-ज्जिन-
देवमुनीश्वरः ॥ ९७ ॥ इति श्रीकालिकसूरिकथानकं समाप्तम् ॥ श्रीः ॥ ॥ ॥ छ ॥ ॥

इति श्रीकालिकाऽऽचार्यकथानकद्वयसमेतम्

श्रीदशाश्रुतस्कन्धान्तर्गतं श्रीपर्युषणाकल्पाख्यं स्वामिश्रीभद्रबाहु-विरचितम्

श्रीकल्पसूत्रम्-सचित्रम् समाप्तम् ॥

इति श्रेष्ठि देवचन्द लालभाई-जैनपुस्तकोद्धार ग्रन्थाङ्क-ग्रन्थाङ्कः ८२.